自立自尊であれ

OXメンバー

幻冬舎ルネッサンス新書
231

まえがき

仲井眞県政の「真実の声」届けたい

沖縄県知事を二期8年（2006~2014年）務めた仲井《なかい》眞《ま》弘多《ひろかず》の仕事ぶりを県民・読者に知ってもらい、同時に庶民性がにじむ仲井眞の人間像を伝えるために本書をまとめた。本書の核心は、辺野古埋め立て承認の真相など全てのテーマについて、仲井眞本人が「生の声（肉声）」で語ったところにある。

普天間基地の移設について「公約違反ではなかった。普天間飛行場の一日も早い危険性除去、在沖米軍施設の整理縮小に向けて、県外移設を追求した」という。だからといって必ずしも「県内移設ノーとは言っていない」と県議会では答弁している。つまり、「革新勢力のように県外のみを唯一無二の解決策として押し通すのではなく、現実的解決策とては、県内もやむなし」とする政治選択であった。

この言葉は説得力を持ち、仲井眞の本音・本心がこもる。

バッシングに走った地元マスコミ（新聞メディア）に対しては「正確で、公正であってほしい」と注文をつけた。

20年先、あるいはその先にある沖縄社会の発展を描いた仲井眞は、高い政策課題を設定して果敢にチャレンジした。そして、目に見える形でいくつもの成果を挙げた。観光業を中心に据えた経済振興策を推進して、かつてなかった豊かな自立経済の基盤を構築していった。

仲井眞県政の主軸である「沖縄21世紀ビジョン基本計画（２０１２年）」は、国（政府）が主導・策定したそれまでの沖縄振興計画を沖縄独自の計画に練り直し、あくまでも県民主体、地方主体の各種政策に切り替えた。県民が主役に躍り出た振興策は、日本復帰以降50年近く続く県政史上では初めての取り組みである。これは常に「自立自尊であれ」と県民を鼓舞する仲井眞弘多の熱意と、県政の基本姿勢を反映した結果だった。

「自立自尊」のもとに進められた県政運営の中で、観光業をはじめ、アジアを視野に入れた多くの産業が花開き、十年前後続く空前の景気繁栄が沖縄にもたらされた。この事実は記憶に新しく、県民多数が認めるはずだ。

沖縄の人々をあれほど苦しめた失業率は、仲井眞県政の懸命な努力で大幅に改善され完全雇用が達成された。入域観光客は1千万人を超え、那覇空港の第2滑走路も完成した。国の沖縄振興予算は、十年スパンの振興計画が終了する年度（２０２１年）まで３０００億円台が保証された。安倍政権と仲井眞県政の間で14年度予算から約束された３０００億円台確保は単年度主義を大原則とする日本の財政史上、前代未聞の予算措置である。県政と政府の信頼関係があってはじめてなし得た快挙だ。それまで２０００億円の線上で低迷していた沖縄振興予算は一気にＶ字回復した。

さらにこうした振興予算には沖縄だけに適用される一括交付金（ソフト交付金）が導入・創設された。県の裁量次第で運用が自由になるソフト交付金は、14年度に８００億円の巨費が組み込まれた。県をはじめ、各市町村にとってこれほど使い勝手の良い予算はかつてなく、離島振興の各種事業などあらゆる分野で大きな支えとなっている。

言うまでもなく日本復帰以来、最大の活況を迎えた県内経済の根幹には、仲井眞県政の卓越した経済政策と政策推進を可能にする予算の裏付けがあった。また、強力な指導性（リーダーシップ）を発揮した仲井眞弘多の存在を忘れるわけにはいかない。

仲井眞と行政をともにした県庁の元幹部は「県民に誇りと豊かさを実感できる政治・行政の実践という観点からみれば、仲井眞県政こそが本道を貫いた」と語る。

これに対して、「オール沖縄」の革新勢力に担がれた翁長《おなが》（雄志《たけし》）県政は、基地問題を巡って国と対立を繰り返すのみで、めぼしい経済政策は見当たらない。せっかくの予算も減少の一途をたどり、一括交付金を活かしきれなかった。その後の玉城（デニー）県政も似たような傾向だ。次期振興計画の推進に懸念がつきまとう。

２０２０（令和２）年に入ると、折しも新型コロナウイルスが猛威を振るい沖縄経済を直撃した。スピード感に欠け対応が後手に回る玉城県政は、経済界や医療団体から批判を浴びた。

詳細は本論に譲るが、２００９年に新型インフルエンザが流行した際、仲井眞県政は、医師会や医療機関など専門家と素早く連携を取り、感染防止に効果を挙げた。「インフルエンザ対策は沖縄県に学ぶべし」と全国で評価された。病院医療事業の改善に手腕を発揮し、東日本大震災の被災者支援にいち早く立ち上がった仲井眞県政は、災害や災厄に対する県庁スタッフの危機管理意識が極めて高く、すぐれたリーダーシップのもと県民の命と安全を守る政策を最優先した。

本書では、これまであまり表に出てこなかった事実や新たな情報が多岐にわたって紹介される。当事者しか知らない事実関係がリアリティを伴って読者に伝わるだろう。問題の本質を喚起する言葉は、まさに「真実の声」といえようか。

「沖縄は出入り禁止」とまで宣言された予算獲得のシビアな舞台裏、県政史上唯一となる尖閣諸島上空視察、「伊良部丸」沈没という悲惨な海難事故が背景にあった伊良部大橋架橋、空手の達人だった父親の教えと沖縄空手会館創設、琉球古典音楽と三線《さんしん》の学びなど、いずれも初めて明かされる事案だ。

『涙《なだ》そうそう』の切ない話もある。

　新型コロナウイルスの出現でこれからの時代、政治や行政、経済、社会活動の各分野で「価値観の転換」（パラダイムシフト）が予想される。かといって、その時代の要請に応え、沖縄社会の生活と経済基盤を確実に前進させた仲井眞県政の真価は色あせるものではない。むしろ一時代を画した県政の歩みを正面から再確認することこそ、次の時代の大きな指針になり得る、と信じる。

　インタビューとポイント解説で構成された本書は、仲井眞県政を客観的かつ正当に評価するライターたちが書いた。多くの人々に読んでもらいたい。

自立自尊であれ

目次

第一章　奇蹟《きせき》の成果

1　失業率2・1%

選挙公約の一丁目一番地

――沖縄県が発表した2019(平成31)年2月の県内雇用状況で、完全失業率2・1%が報告されました。全国平均の2・3%を初めて下回る数値でした。有効求人倍率も1・21倍と好調です。失業率の改善、全国平均化は2006年11月の県知事選挙に出馬した際、選挙公約の一丁目一番地でした。2%台の失業率をどのように受け止めていますか。

仲井眞弘多(以下仲井眞)　全国平均を下回る失業率には正直、驚いています。二期8年の年月をかけ、苦労を積み重ねて失業問題に取り組んできた者からすれば、まさに奇蹟と言っていい数値でしょう。何しろ失業率改善の選挙公約を打ち出した当時、産業界の先輩

愛娘ふたりが同席して知事選挙出馬表明する仲井眞弘多

が沖縄の産業構造や人口動態、耕地面積などを挙げて「せいぜい４％台までが限度。それ以上の改善は無理な相談」と厳しい予測をしたほどです。

２％台の完全失業率をみると、今の時代、観光産業や建設業などを軸にしてそれだけ沖縄の各種産業が充実して順調に伸びていることの表れでしょう。雇用の場が増えることで職を求める人々を吸収できる環境が全県的に出来上がりつつあります。有効求人倍率が１倍以上というのは完全雇用の実現を意味しています。これは失業率の改善と連動した当然の結果です。同時に最低賃金の底上げも図られてきました。

予想を上回る東アジア圏域の経済成長をバックに沖縄の経済産業は、まだ伸び代があるはずです。アジア太平洋圏域を含む国内外の経済市場を視野に入れた新規産業が、たくさん創出されるよう期待したいと思います。

日本国内で沖縄は東アジアのゲートウェイとして、グローバル産業が育つ地理的優位性をもっています。

――2006年11月の県知事選挙で失業率改善を公約の一番手にもってきた大きな理由は何でしょうか。復帰後の沖縄は失業率が6~7%と最悪でした。失業率9%台の時期もあります。失業者があふれ、政治、社会的にも大きな問題になっていました。

仲井眞　全国が高度経済成長に湧いていた頃、日本（本土）復帰後の沖縄県は経済成長の恩恵を受けられず高い失業率に悩まされ続けていました。産業基盤や生活基盤、教育、福祉、人権などハード・ソフトを問わず、全ての面で立ち遅れが目立ち、歴然とした「格差社会」だったのです。

私は通産省（現在の経済産業省）時代の1980（昭和55）年に沖縄総合事務局（当時の沖縄開発庁の出先機関）通産部に赴任して、産業部門を中心に2年半程務めました。その時気づいたことは新規企業の発生（起業）は多いが、その代り廃業も多いという沖縄の特殊な企業形態でした。

要するに産業がなかなか育ちにくい風土があって、そのため長期雇用の場が確保しにくい。また、他県に比べて人口が著しく増えた復帰後の現象があったため、働ける若年労働力の増加に対して、雇用を吸収できる企業の数が追いつかないなどの状況がありました。そのほか色々問題があって失業率をめぐる当時の沖縄の世相は議論百出の印象でした。

私の前に二期8年間、県知事をなさった稲嶺《いなみね》恵一《けいいち》さんの頃まで、そのような議論が盛んだった気がします。だが産業界出身の稲嶺知事はさすがでしたね。地元経済界と論議を重ね、東京の経済同友会の皆さんの知恵や助言を活かしてＩＴ（情報通信技術）など先端産業を創出できる産業基盤を着実に整えました。企業誘致にも力を入れ、その結果、失業率の改善に変化が出始めました。

結局、私は「産業を興せば沖縄の失業率は必ず改善できる」とシンプルな思考をもとに失業率の改善に取り組みましたが、基本的には稲嶺さんの経済路線を引き継ぎ、それを加速させていったのが真相といえます。

ただひとつ言わせてもらえれば、沖縄総合事務局にいた頃、造船技術や食品加工に至るまで実に２００から３００種に及ぶ業態のなかで、小規模ながらも次々と新規産業に取り組む沖縄産業界のバイタリティーに触れた経験があります。本土とはひと味違って、そこには自立、独立の精神に満ちた旺盛な起業家魂が存在していました。倒れてもすぐに立ち上がる沖縄独特のダイナミックな発想がありましたよ。

その時以来、沖縄の産業は自立できるだけの強さを内在していると信じていました。自立経済の可能性が十分にありました。

だからこそ、県知事選挙ではアジア地域に隣接する沖縄の地理的優位性と県民の気質を生かした新たな産業が必ず興せる、と自信をもって訴えたのです。産業基盤を確立すれば失業率は自ずと改善できるという信念がありました。

全てはグッジョブ運動から始まった

――県知事選挙に当選してすぐの翌年4月には、観光商工部（現在の商工労働部、観光部門はのちに文化観光スポーツ部として分離新設）に雇用創出戦略スタッフ室を新設しています。そして「みんなでグッジョブ運動」推進をスタートさせていますね。

仲井眞　全県横断的なグッジョブ運動はそれこそ一生懸命でしたね。途中、リーマンショックなどで長期不況に見舞われたりして県内経済事情が逼迫、失業問題の解決を一段と難しくした時期もありました。

しかし、東京や大阪・愛知など全国の大きな産業が立地する都府県は時間をかけて大体廻り、沖縄進出を強力にお願いしました。

ナショナル（現在のパナソニック）、トヨタ、日本デンソー、関東・関西の電力関連企業群などほとんどお邪魔しています。

トヨタやデンソーは沖縄出身者の就業が多く、年間1千人以上がお世話になっていると聞いて驚きました。

企業誘致に関しては、観光産業振興ともリンクさせた航空路開設など中国や香港、韓国などにトップセールスで出かけています。アジア太平洋経済圏との交流を重視した結果、入域観光客1千万人（年間）の目標達成が可能になりました。

「グッジョブ運動」と関連しますが、アメリカでは基地問題解決だけではなく、機会を見つけては企業誘致活動、雇用対策もだいぶやりましたよ。

知事在任中は合計で4回米国訪問をしています。もちろん、基地問題の課題解決が主要なテーマです。だが国防総省（ペンタゴン）や上下両院議員など関係要路では基地問題以外に時間を割いてもらって、沖縄への企業誘致を頼み込んだものです。

だって、アメリカは産業が世界一集積しているメッカですよ。あらゆる産業、企業があります。ペンタゴンでは「基地だけ置くのではなく、沖縄にアメリカ企業のひとつでも張り付けて、沖縄の人々に仕事をくれないか。そうすれば感謝される」と切り出しました。ペンタゴンは、ミサイルや戦闘機の製造企業をはじめ、船舶（艦船含む）を造る造船企業をたくさん揃えています。

「沖縄はかつて、造船企業を育てた歴史と伝統がある」と、造船産業がきても十分に対応できる沖縄の事情を説明しました。

私は、1960年代の終わり頃にJETRO（日本貿易振興機構、通産省の外郭団体）のニューヨーク駐在員として三年間、通産省から派遣され、アメリカの産業事情を調査した経験があります。だから土地勘を頼りに西海岸の企業は数多く廻り、IT先端技術産業などにも誘致活動で行きました。

だが、当時のアメリカ産業はほとんどがアジアの巨大市場である中国にしか関心がありません。当時、13億の人口を擁する中国市場への参入は、あの頃の世界的な経済潮流だったのではないかと思います。同じアジアの経済圏にありながら沖縄には目を向けませんでした。

それでも県庁スタッフは言葉の壁を物ともせず、アメリカの企業を一生懸命訪ね歩き沖縄への企業進出を呼び掛けました。

私にとっては、県政のなかでも記憶に残る企業誘致活動のひとつになっています。

●ポイント解説

源流は仲井眞県政に在り

２０１９年２月の沖縄県の完全失業率が２・１％を記録した。全国の平均値は２・３％である。１９７２（昭和47）年の日本復帰以来、全国の平均値を下回るのは沖縄県の雇用史上初めてではないか。

沖縄県民にとってまさに奇蹟的な快挙であり、驚異的な改善率を示すものだった。

例え2月だけの単月期とはいえ、長い間、高い失業率に悩まされてきた沖縄県政からすれば、それこそ前代未聞の数値といえた。

保守とか革新県政とかを問わず、いつも全国平均の2倍、3倍を超える高失業率に泣いていた沖縄の県政が、やっと全国を下回る失業率を達成した歴史的瞬間であった。

失業率改善と比例して当然、当月の有効求人倍率も１・21倍に伸びた。この数字は、企業側の採用が求職者を上回る状況を示しているわけで、景気の拡大や産業振興、企業誘致に裏付けられた県内経済の好調さを物語っている。

2月以降も有効求人倍率は高い水準が続き、２０１９年10月までの有効求人倍率は延べで40カ月近く連続して1倍台で推移した。

結局２０１９年の完全失業率は平均して２・７％となり、復帰以降の過去最低記録だった。有効求人倍率は１・19倍でこれは過去最高を記録した。

全国の中でもここ数年、観光業を軸に堅調な拡大基調で推移している県内の経済動向をみると、沖縄の雇用情勢はこれから先もなお、好調を持続する気配が強い。完全雇用百パーセント達成はもはや「当たり前」になり、逆に人手不足が懸念される現象さえ起きている。

こうした現象は復帰以降、沖縄が初めて体験する「未曾有《みぞう》の好景気」（金融関係者）を反映した結果である。

ほとんど日本全国に立地されている高度技術集積型の製造業のない沖縄でなぜこれほどの好景気が生まれ、いわば完全雇用のような状態が実現したのか。

全ては２００６年12月からスタートした仲井眞県政の経済・産業振興策に源流をみて取れるだろう。

十年以上前に仲井眞県政が苦労して蒔《ま》いた二期8年間の種子が、ここに至って見事に花開いた。そして、一括交付金など沖縄振興予算をテコに策定された「沖縄21世紀ビジョン基本計画」が数々の経済効果を引き出し、「好景気」の実を結んだのが今日の沖縄の姿である。「自立自尊」の基本姿勢のもと、強くて、やさしい沖縄社会が近づいてきた。

このような状況認識は決して誇張でもなんでもない。全ては真実の出来事なのだ。

本書は仲井眞県政の各分野の成果について具体的に確認していくが、「経済の仲井眞」が実践した失業率改善に向けた経済・産業振興策は、特に最近になって多くの県民をはじめ、県内経済界から評価が高い。

辺境の地に喘いだ沖縄経済を全国有数の「成長軌道」に乗せ、アジア経済戦略の先端を拓いた仲井眞弘多の手腕と先見性は全国的にも注目を浴び、その力量を再評価する声が強い。

仲井眞県政の失業対策を遡れば、沖縄県知事選挙の選挙公約に出発点がある。初めての知事選挙に際して、仲井眞が一丁目一番地の公約に据えたのは、常に高止まりしている沖縄の完全失業率を全国平均並みにもっていくという約束だった。

選挙で当選を果たした仲井眞は早速、翌07年4月、県庁観光商工部内（現在の商工労働部）に「雇用創出戦略スタッフ室」を設置して、「グッジョブ推進県民運動」をスタートさせる。産業基盤整備や企業誘致など経済振興の計画づくりに力を注ぐ一方で、仲井眞は自らが率先垂《すい》範《はん》する具体的行動を重視した。

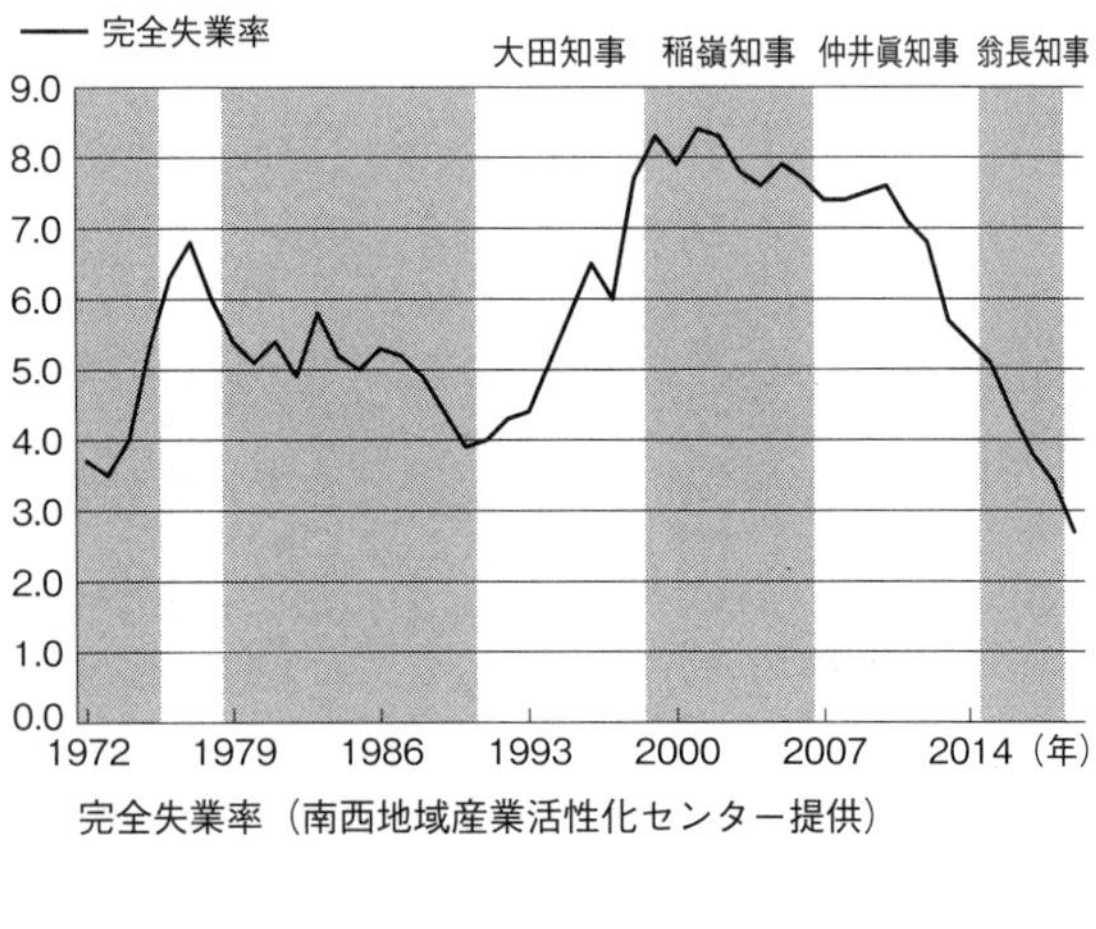

完全失業率（南西地域産業活性化センター提供）

「グッジョブ運動」では知事本人が旗振り役を引き受け、県庁スタッフを引き連れて各種企業、経済団体などを次々廻り始めた。県内各市町村はもちろん全ての県民に雇用の場の拡大・確保を呼びかけた。仲井眞知事としては、公約の一番目に掲げた失業率改善の取り組みを目に見える形で実践してみせる姿勢が必要だった。

職場開拓＝仕事探し、すなわち企業誘致に力を入れる仲井眞県政の本気度を示そうと、県民各層を網羅した「グッジョブ運動」推進の一大県民大会まで開き、日本政府や全国の経済産業界にアピールした。

歴代の県政にあって、失業率改善のために県民運動まで実行したのは仲井眞県政をおいてほかにない。

仲井眞の知事就任以来、7％だった完全失業率は毎年6％、5％、4％と改善率の勢いを伸ばした。「グッジョブ運動」開始から13年後の２０１９年2月、先述したように全国平均を初めて下回る2・1％を記録するに至った。

仲井眞県政の失業率改善の功績については、２０１４年1月の沖縄県議会臨時議会で与党議員が、「長年の課題である失業率について、昨年18年ぶりとなる4％台を3度も記録した。就業者数は過去最高の66万人を突破した」と産業振興や雇用拡大の実績を評価した記録がある。また県議会では、国際物流貨物ハブ事業や航空機整備施設建設（現在のＭＲＯ）、情報通信関連（ＩＴ先端技術産業）など２６０社を超える企業誘致で数万人の雇用が実現した実績を訴え、「復帰後最大の経済的活気にあふれた自立型経済の構築が完璧な軌道に乗りつつある」と沖縄社会を成長軌道に乗せた仲井眞県政に言及している。

仲井眞県政は、二期８年の間に自立型経済社会の土台をしっかり築いていたのである。

苦境を打破した現場第一主義

合理的に計算されたような仲井眞弘多の行動原理は、実際のところシンプルな思考回路の中にある。ここで仲井眞流の「経済哲学」に触れてみたい。

繰り返しになるが日本復帰からこの方、沖縄の県政は６～７％台に上る高失業率に悩み続け、失業率改善は歴代県政で常に「県政最大の課題」に位置づけられた。長い期間、県都の那覇市では仕事を求める失業者が職安（職業安定所、現在のハローワーク）に列をなす光景が日常的に見られ、マスコミのニュースになったものだ。

失業問題をいかに解決するかという大命題に対しては、仲井眞自身も知事になる遥か以前より考えていた。

政府の通商産業省＝通産省（現在の経済産業省）で長年、行政現場を踏み、沖縄総合事務局の通産部長を経験した仲井眞は、沖縄の産業構造が内包する長所や弱点を知悉《ちしつ》していた。このため沖縄の失業率の改善、解消には独自の「解」をそれなりに持っており自信があった。

仲井眞流の解決策は次のようなものだった。

「産業基盤を整備して新しい企業を興せば仕事が生まれる。足りない分はよそから企業を引っ張ってくる。仕事があれば失業者は減る」

単純明快な思考ではある。

仲井眞は、「沖縄の風土、条件を生かした産業は必ず興せる。まずはしっかりした産業振興策の策定が前提条件」と結論づけた。

知事選挙で仲井眞の主張は県民多数の支持と理解を得た。次は選挙公約を行動に移す番である。県内だけではない。本土各地域にも飛んだ。

東京や大阪、愛知、神奈川など県外主要都市の企業を訪れて、人員採用の拡大はもとより、企業の沖縄進出を積極的に働きかけた。

政党など政治全般の強力な後押しも要請した。

沖縄振興予算の項でも触れるが、仲井眞の要請行動は万事に徹底しており、あまりの熱意に相手が音を上げる場面もしばしばだった。

彼を知る人は「タフ・ネゴシエーター」と呼ぶ。

そもそも彼は、官僚生活や産業界の時代からフットワークが軽い。知事室にこもって行政実務だけに専念するタイプではなかった。

幅広い知見と行動が交錯する行政や政治の現場を好んだ。

仲井眞県政の元幹部は「率先垂範を旨とする仲井眞流の哲学は、県庁組織に緊張感を与え、組織の活動能力を最大限引き上げていった。例えば沖縄振興という最重要課題を共通目標として組織内に日々提示し浸透させた。知事自らが先頭に立ち目標に向かって行動、挑戦する姿は過去のどの知事とも異なっていた」と述懐している。

知事のトップセールス＝直接行動は、国内だけではなく台湾や韓国、香港など東南アジアからアメリカなど海外に広がり、仲井眞県政8年間ではおよそ7万人という膨大な新規雇用を創出した。

アメリカ国内での企業誘致活動は、本書のインタビューで初めて公にされた事実なので若干触れてみる。

　仲井眞県政は二期8年の間に合計4回、アメリカを訪問している。２００９年1月と11月、11年9月、12年10月の4回である。いずれも米軍基地問題解決の要請行動だ。

　一方で、仲井眞自身と同行した県庁スタッフの面々は基地問題に全力を傾注する傍ら、懸案だった企業誘致活動にもエネルギーを注いでいた。仲井眞によれば、アメリカ西海岸では各地で幾つかの企業を訪ね沖縄への企業進出を要請した。仲井眞と県のスタッフが手分けして訪ねた地域には世界的に知られたロック・ミュージシャン、エルビス・プレスリーの故郷、米国南部のテネシー州ナッシュビルやメンフィスも含まれている。

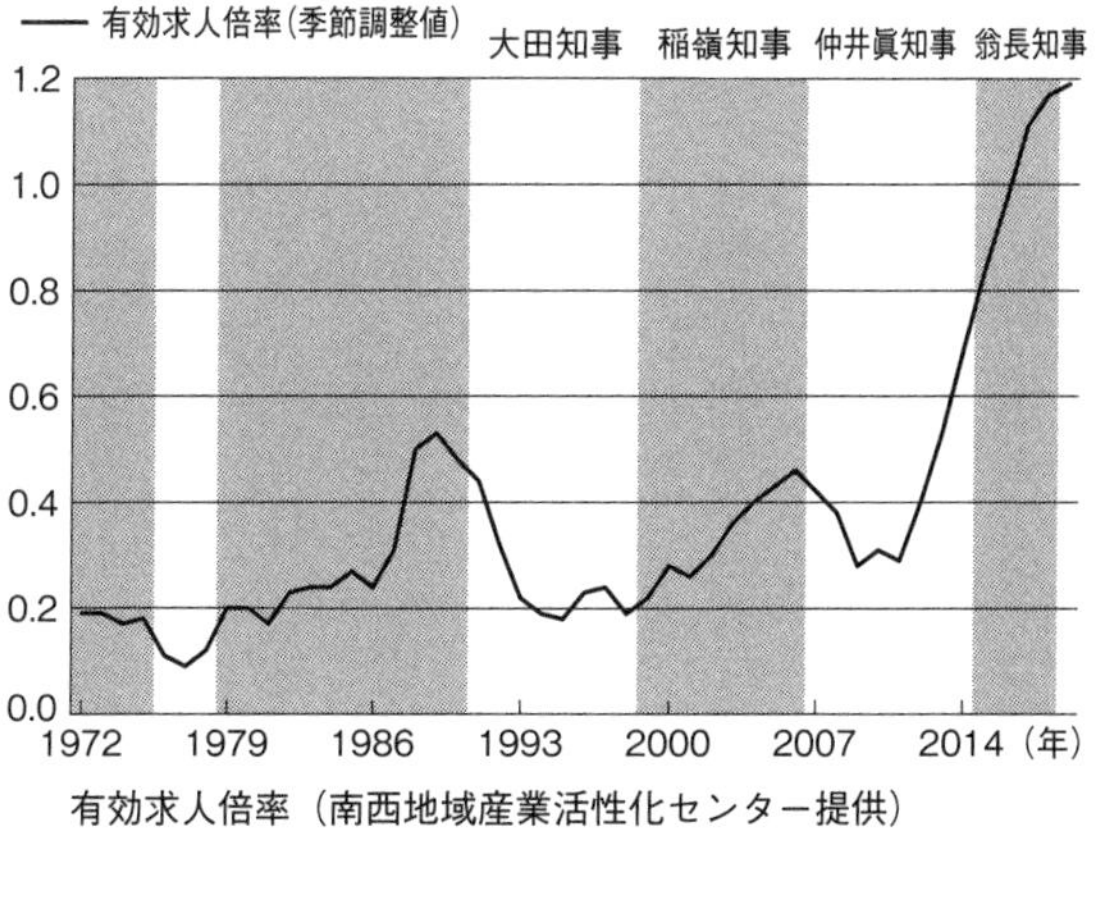

有効求人倍率（南西地域産業活性化センター提供）

だが当時のアメリカ産業は、人口13億人を抱える巨大市場の中国にしか目が向かなかった。時代の流れは巨大市場をもつ中国へとなびき、中国と同じアジアの経済圏に同居する沖縄自体は狭小なマーケットのせいでアメリカ産業には素通りされる形になった。

とはいえ企業誘致と産業振興に全力で取り組む仲井眞県政が、世界のトップに君臨するアメリカの各種産業に必死にアタックした事実と熱意は特筆されていいだろう。グッジョブ推進運動と関連して、初代推進室長だった城間勇雄の活躍は特に印象に残っているようだ。

知事と二人三脚でグッジョブ運動を牽引した城間について仲井眞は「県内外で実によく働いた彼のおかげで、失業率改善の運動は順調に回転してくれた。ほかの県庁スタッフともども表彰に値する」とねぎらった。

2　観光客1千万人と第2滑走路

観光産業の興隆を生み出した

――仲井眞さんは沖縄県の観光産業を沖縄経済牽引の大きな柱と位置づけ、県知事選挙の一期目（2006年）から二期目、三期目と「観光入域客年間1千万人達成」を公約に掲げて対応してきました。その結果、2006（平成18）年度の入域観光客数は563万人だったが、観光客数は毎年増加を続け、2018（平成30）年度には待望の1千万人を達成しました。この間、各種の観光客誘致計画の策定、受入体制の強化、産業界との意思疎通などを実施してきました。沖縄県の観光産業に対する思いを聞かせて下さい。また、那覇空港の第2滑走路の完成やターミナル施設、ビルの大幅な拡大、整備など、いまや那覇空港は、羽田、成田、関西、中部、福岡空港に次ぐ日本の南の玄関口としての基幹空港として大幅に変わりました。沖縄県の観光産業に対する意気込みと那覇空港の整備・拡大への思いを聞かせて下さい。

仲井眞　私は沖縄県の観光産業を、沖縄経済を牽引するリーディング産業になるように知事就任一期目から支援、お手伝いをしてきました。その基本姿勢は、「ウチナーンチュ（沖縄県民）のホスピタリティーと自然、芸能・文化などを活かした世界水準の観光・リゾート地の形成」でした。

　そして10年後を目途に「観光客1千万人、そのうち外国人観光客１００万人」とし、観光産業の振興を具体化するため、さっそく「ビジットおきなわ計画」の策定に取り組み、従来からあった沖縄県観光振興計画や国の振興計画、さらに「沖縄21世紀ビジョン」などにも観光産業の振興策を盛り込み、具体的な政策実現によって、今日の隆盛につながったと自負していると

造成中の那覇空港 第２滑走路

ころです。

また、観光客の受け入れ体制を強化するため那覇空港などの基盤整備事業に着手するとともに、民間の協力を得てホテル、宿泊施設の強化などに取り組みました。

那覇空港の拡大・整備事業の中で第２滑走路は、国の第３次沖縄振興計画で初めて位置づけられ、第４次計画期間中には整備に向けた各種の調査が実施されていましたが、民主党政権時代は空港特別会計の財源が逼迫し着工の目途がつかなかった経緯もあり、また工期も７年の長い期間が示され、約２１００億円の財源確保の目途が立たない状況が続いていました。

しかし、２０１２年12月に自民党が政権に復帰すると同時に安倍総理、菅官房長官及び多くの国会の先生方に強力に働きかけて工期を5年10カ月に短縮し、さらに事業費２１００億円を沖縄振興事業費３千億円台とは別枠で計上することを約束してもらいました。その結果、第２滑走路は２０２０年東京オリンピック（後に延期）に間に合いました。第２滑走路予算が上積みされたことにより、沖縄振興予算は３千億円を超える状況が続き、２０１５（平成27）年度には３３４０億円を記録することになったのです。

事業費２１００億円は単体では過去最高のプロジェクトであり、通常の沖縄振興事業費の枠外の予算ということになって、その後の建設部門活況の大きな推進力となりました。これにより、今後の観光客の増加や各種の経済効果を呼び起こすものと期待しております。

●ポイント解説

世界がターゲット

仲井眞が知事に就任するにあたって、２００６（平成18）年12月の一期目から一貫して最重点政策に掲げてきたのは10年後を目途に「観光客年間１千万人、外国人１００万人達成」を目指して、「観光産業を沖縄経済のリーディング産業」と位置づけ取り組んできたことだった。その結果、知事就任1年目の２００６年度の観光客数は約５６３万人だったが、知事退任時の２０１４年度には７１７万人となり、県政が変わっても観光客数は好調を続け、２０１８年度にはついに1千万人を達成した。

観光政策に対する仲井眞県政の基本姿勢は「ウチナーンチュのホスピタリティーと自然を活かした世界の観光都市」（一期目公約）、「国際的な観光リゾート地の形成」（二期目公約）、「世界水準の国際観光・リゾート地域の形成」（三期目公約）で世界をターゲットにした観光地をつくり出すことだった。

仲井眞が知事に就任して、まず観光政策で手掛けたのが２００７年度の「ビジット沖縄計画」だった。この計画は「将来の観光客1千万人、観光収入1兆円を目指して」との副題が付けられ、従来の「沖縄観光振興基本計画」や「沖縄県観光振興計画＝沖縄振興計画の分野別計画」のもとで年間の具体的な誘客行動計画を策定すること——と位置づけ、具体的な誘客のための重点項目として、

①　シニアマーケットの拡大
②　外国人観光客の誘客促進
③　コンベンションの誘致促進
④　リゾートウェディングの推進

などであった。「ビジット沖縄計画」はその後、毎年策定されているが、仲井眞県政で策定された「沖縄21世紀ビジョン」（２０１０年策定）、「同基本計画」（２０１２年から10年計画）でも観光産業の振興を重点事項とし、その内容は、いずれも「２０２１年度までに入域観光客数1千万人、観光収入1兆円を達成すること」を目標に掲げた。

特に沖縄21世紀ビジョン基本計画では、沖縄県全体の圏域別の実施計画も取り入れられ、各離島、市町村を含む沖縄全域の取り組みが実施に移された。

この間、2008年のリーマンショック、その後の世界的・全国的な景気低迷、新型インフルエンザの流行、2011年の東日本大震災などの影響をもろに受けたが、その後の全国的な景気の回復、県内受け入れ体制の強化などで観光客数は好調に推移している。なかでも日本政府が実施したノービザ制度は、中国をはじめ東南アジア、欧米諸国からの訪問に拍車をかけ大きなプラス要因となっているし、大型クルーズ船の寄港も好調な沖縄観光の押し上げ要因となっている。

このような観光客数の増大に対応するため仲井眞県政がいち早く手掛けたのが那覇空港の大幅改造、規模拡大、そして全国的な各航空路線の誘致のほか、東南アジアを中心にした世界各地からの航空機の乗り入れ拡大を図る「アジア・ゲートウェイ」構想だった。

仲井眞は知事就任とともに中国や台湾、香港などの東南アジア各国を訪問し、誘客を呼びかけるトップセールを実施。同時に受け入れ体制の強化を図るため、まず那覇空港の国内線、国際線、LCC、連結の各ターミナルビルの整備・拡大を始め、駐車場ビルの増設など次々と那覇空港整備事業を実施した。

第2滑走路をバックアップ

那覇空港整備事業の第2滑走路は、現滑走路から沖合１３１０メートルに全長２７００メートル、総工費２０７４億円をかけて２０１４年に着工し、２０２０年3月26日に完成して運用を開始、東京オリンピック（後に延期）に間に合わせたほか、今後の沖縄観光需要拡大につながると期待されている。これにより那覇空港の滑走路処理容量は、現在の年間13万5千回から１・８倍の24万回に拡大された。

県内の主要経済団体や行政機関などで構成する那覇空港拡張促進連盟（石嶺伝一郎会長）は、第2滑走路完成後の利便性向上や機能拡大を目指して中長期的な空港の整備を企図して、２本の滑走路間を埋め立てて新ターミナルビルを建設。商業施設やホテル、コンベンション施設などを誘致、モノレールとの接続、レンタカーステーション、フェリーターミナルを整備し、新たな交通結節点として活用する構想を示している。

このほかに仲井眞は、国と協調して各離島・地方の航空路、港湾、道路網の整備に着手、特に、新石垣空港、宮古下地島空港は国際線の乗り入れも実現している。さらに、外国人観光客の積極的誘致のため道路や交差点などの案内板に外国語表示をするなど、ソフト面も強化した。

リゾートウェディング・医療ツーリズムの推進

また、高度医療が体験できるメディカルツーリズム、スパ、リハビリテーション、スポーツ医学など健康産業と一体となった「ウェルネス観光」、「メディカル（医療）ツーリズム」等を積極的に支援。さらに、「リゾートウェディング」の振興にも対応してきた。

この「リゾートウェディング」は2000年初め頃から人気が出始め、仲井眞が知事就任時の2006年には約6千組だったのが、退任時の2014年には1万2千組と急成長した。国内のほか海外からも人気があり、2018年は1万7千組だった。結婚式を挙げるカップル以外に親族や友人・知人らが参加するほか、お土産品の需要も多く、観光産業には大きなプラス材料となっている。

ただ、残念なのは、社会基盤整備と同時に観光産業振興の面からも取り組んできた大型MICE（国際会議、学会、展示会のための施設）事業と沖縄本島縦貫鉄軌道計画が、仲井眞退任により実現寸前で足踏み状態になったことである。

沖縄県への観光入域客は、戦後の沖縄戦犠牲者のための「慰霊訪問団」が始まりとされている。１９７２年の本土復帰時には44万人だった観光客数は毎年増加し、２０１７年には観光先進地域である米ハワイ州と肩を並べるか、追い越したと言われるまでに達した。今や沖縄県の観光産業は、県内総生産・県民所得に占める割合も上位を占め、仲井眞が県政で掲げた「沖縄経済を牽引するリーディング産業」として定着してきた。

しかし、そうした経緯を辿った県内観光産業は、経済環境の変化や国際関係、自然災害、昨今の世界的な感染症の流行など外的要因に左右されることが多く、県政のトップである知事がいかに対応し、県政に活かすかが最も重要な課題である。

3　一括交付金

「遅れて来た青年」にチャンス到来

――政府（内閣府）の沖縄振興予算の中で、全国でも沖縄県だけに適用されている財政措置に「一括交付金」（沖縄振興推進交付金）があります。一応ソフト、ハード部門に分けられていますが、特にソフト部門は、離島など各市町村の地域振興事業に最大限活用されています。日本の財政システムを変えた一括交付金獲得までの道のりを教えて下さい。

仲井眞　沖縄県が活用する一括交付金制度の創設、導入は確かに、日本の従来の財政制度を変革した画期的なシステムに違いありません。全国隅々の自治体予算を握り、その使い道を一から十まで差配していた財務省（旧大蔵省）の財政システムに初めて「変革」の時がやってきました。従来の財政史上、あり得なかったはずの予算が地方財政に登場したのです。

　一括交付金制度は、国の財政のあり方を初めて変え、地域振興に初めて登場したシステムで

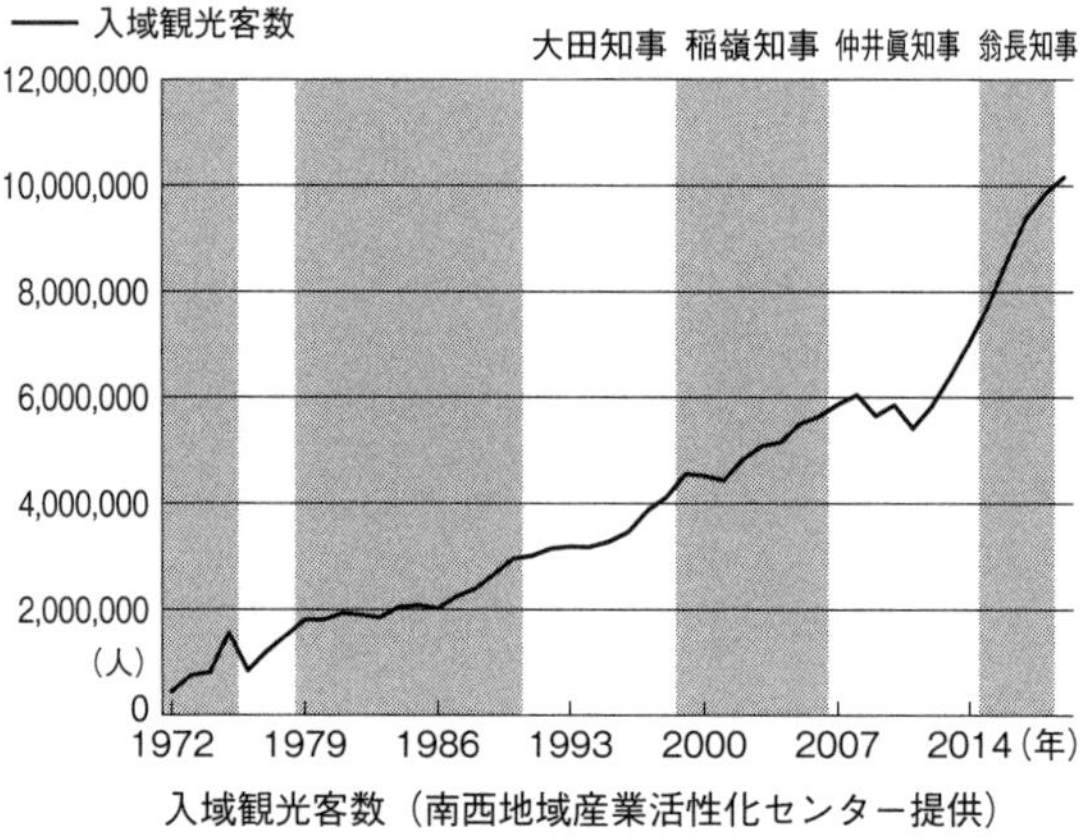

入域観光客数（南西地域産業活性化センター提供）

す。もちろん、沖縄振興予算でも初めてでした。

長く続いた自民・公明政権が、ある時期にカベにぶつかり、２００９（平成21）年に民主党政権が誕生します。国の仕組みや制度を大きく変える変革の時期に差しかかりました。一括交付金はちょうど、この大変革の時代に生まれた予算制度です。日本全体の仕組みが変わる大変革は、沖縄のように「遅れて来た青年」には「チャンス到来」の季節になったと思いますね。

どういうことかと言いますと、沖縄は戦後、日本から切り離され、27年間、米軍統治下にありました。１９７２（昭和47）年に日本復帰を果たしたものの、社会、経済、政治などあらゆる面で最も遅れ、47番目に大国日本にやって来たわけです。復帰特別措置法や沖縄振興特別措置法などで格差是正措置がとられましたが、大国日本の中では出発点当初から一周も二周も遅れた存在にしか過ぎません。「遅れて来た青年」といわれる所以《ゆえん》です。

戦後、すでに完成している国の形、すなわち全国一律の予算制度や財政規律が確立した状況下では、遅れて参入した沖縄は国の言い分を聞くしかない立場です。沖縄地方の特殊な要求を国に出していっても全国を一律に、満遍なく扱う予算制度の中ではうまく処理できません。各省庁の行政（官僚）ベースでは沖縄という一地方の特殊な要求を解決するのは制度上困難を伴いました。

そこへ、国の仕組みや、制度を根本から変革しようと公約する民主党政権が樹立されました。「遅れて来た青年」にしてみれば大改革のフレームは、全国各自治体と同じスタートラインに立てることを意味し、条件は全国と一緒になります。新政権は、地域主権を主要な政策に掲げていました。

このため、国＝政府の差配でかちかちに固められていた従来の補助金や交付金の性格が変えられていきます。地方が独自に事業を計画・推進して、しかもお金の使い途が自由になる新たな予算制度＝一括交付金（沖縄振興自主戦略交付金）が２０１１年度に導入されました。振興予算総額が２３００億円あたりで低迷していた沖縄県としては、自由度の高い交付金を沖縄振興予算の「一枠」に組み入れてもらおうと強力に要請しました。翌12年度に沖縄振興特別推進交付金として措置されるソフト交付金の始まりですよ。沖縄県からすれば、一括交付金を確保することで、それまで減少傾向だった振興予算総額を引き上げる必要がありました。

一括交付金創設は、遅れて参入した離島県沖縄にとって願ってもないチャンス到来になりました。

年間８００億円のソフト予算が自由に

——「地方財政制度の奇蹟」とまでささやかれた一括交付金は、今や「仲井眞基金」と呼ばれ、地域市町村で重宝がられています。アリーナ建設や、航空運賃の低減など地方で目につく事業のほとんどが一括交付金の活用です。仲井眞県政の大きな成果でしょう。

仲井眞　一括交付金獲得は、県庁組織の全ての知恵と労力、人を結集して時の政権に当たりましたよ。大臣とか政府のトップはもちろん、内閣府の沖縄担当部署や財務、関係各省庁を片っ端から廻り、「地方のことは地方にまかせてほしい」「沖縄地域の独自性を尊重して下さい」とお百度《ひやくど》を踏み、拝み倒しましたね。与野党関係なく、民主党幹部や自民、公明党など政治家先生方の力もお借りしました。政治の力はとても効果を発揮しています。

　県の財政事情が大変だったことから、財政担当職員が目の色を変えて中央省庁の官僚とやり合いました。中央省庁によっては「沖縄は出入り禁止」という声が出るほど沖縄県は猛烈に動きました。一括交付金制度の創設そのものは、策定中だった「沖縄21世紀ビジョン基本計画」を財政面で裏づける最も有力なツールに位置づけていました。このため、「県の総力」を挙げた闘いを展開しました。

振り返ってみますと、あらゆる面で改革を必要とする「大改革の時代」であったからこそ、遅れて来た沖縄が乗っかりやすい環境が生まれ、歯車がぴたりと合ったような気がします。沖縄にとってまさに「起死回生」の一手といいますか、一括交付金確保まではこれまで述べた経緯と背景がありました。

２０１２(平成24)年度に獲得した当初の一括交付金は、沖縄振興予算全体枠（２９３７億円）の中で、ソフト部門が８００億円超でした。一括交付金は、ソフト以外に公共投資交付金のハード部門もありますが、ハードは公共事業費とほぼ同じ性格ですので、ここでは自由度が高く、使い勝手の良いソフト交付金の話をします。

ソフト交付金は、使い途があらかじめ決められた公共事業費の多い振興予算の中にあって、県や市町村が自ら策定した事業にお金が自由に使える国庫予算なわけですね。

一年間で８００億円規模の予算が県の自由裁量で使えるというのは、それだけでもう、従来の振興予算の常識を軽く打ち破る出来事なわけです。分かりやすく例えると、それまで10年に一件しか建設できなかった２００億円クラスの大型施設（事業）が、わずか一年間で３、４件は実現できる勘定になります。年に８００億円の事業費があれば、県や市町村が独自に計画した大小千件以上の事業は、ほとんどが実現可能になります。

一括交付金は、県が500億円、市町村が303億円の配分比でした。この交付金は、振興予算全体の中で「ひとつの枠」に位置づけられ、私の知事時代、800億円に査定された予算額は、毎年固定化されていました。

自公政権に代わっても一括交付金の取り扱いに全く変更はなく、私の知事時代、交付金の額は増えた年はあっても、減少はありません。参考までに言えば、一括交付金の創設初年度は全国一律に適用されましたが、2年目からは沖縄振興関係予算に限った交付金になりました。それだけ特殊な事情の多い沖縄地域の振興が重視された証拠でしょう。

また、交付金創設時に沖縄県が死に物狂いで要請行動した熱意と経緯が理解された部分もあると思いますよ。

●ポイント解説

「自立自尊」の経済繁栄もたらす

さて、苦労の末、確保した一括交付金のソフト部門800億円を県と市町村がどのように活用していくか。政府の手（縛り）を離れて、ほぼ自由度の高い予算であるため、全てを自治体自らの責任で対応していかなければならない。国民の大切な税金を使うのである。沖縄振興のためにムダなく、有効に活用する必要性が生じるわけだ。

とはいえ、県も市町村も初めて経験する予算なので、事業を起案する企画・計画力や、事業を推進する実行力が問われてくる。つまり、ここにきて県をはじめ、市町村職員の意識と能力が試されたのである。

年間で県が500億円、市町村分303億円と配分された予算を使ってちゃんと事業を興し、実施して、推進しなければ一括交付金の意義がなり立たない。

一括交付金創設から沖縄振興予算全般に関与した元県幹部によると、まず、県の総務部や各部署と、市町村関係者の意思疎通が大事だった。初めて扱う一括交付金に対する共通認識づくりである。

「沖縄社会の振興発展のためにはどんな事業が必要か」「市町村地域はどんなまちづくりを目指すのか」など様々な事業について真剣な論議を重ね、目的意識を明確にした上で予算執行に全力を傾注していった。

一部に戸惑いはあったものの、一括交付金の運用は当初年度から割とスムーズだったようだ。何しろ、大小合わせると、一年間で1200～1400件を数える事業が起案されてくる。一括交付金の性格は、沖縄の振興に役立つどんな事業にも活用されるところに特徴がある。県と各市町村が一体となり一括交付金をうまく運用して、県民、市民サービス向上につながる細かい事業を積み重ねた結果、今日の沖縄社会の振興と発展、沖縄経済の豊かな進展を実現したと言えよう。こうして「復帰以降、未曾有の好景気」が出現したのである。

一方で、県と市町村を挙げた一括交付金をめぐる取り組みは、自治体職員の対応に緊張感を生み、沖縄の振興を達成する目的意識を高めた。従来の補助金制度であれば、数千万円とか、1億円規模の予算ひとつとっても使い途は政府に「お伺い」を立てる場面が多かったのだ。つまり、自治体が自主的に運用できる予算はそこまで限定されており（ヒモ付きと揶揄《やゆ》された）、自治体は、必要以上に政府に要請を繰り返さざるを得なかった。

だが、自ら実施計画を立て、10億円、50億円の予算を自由に運用して各種事業に展開できる交付金の登場は、自治体職員に主体性のある「自立自尊」の意識を芽生えさせた。地方自治体の意識改革は、沖縄社会に「自立経済可能」の機運を醸成し、結果として県民全体の誇りと自信につながる現象を引き起こしている。

こうした取り組みの背景には県知事である仲井眞弘多のリーダーシップが存在したのは言うまでもない。

もう一度、改めて強調しておきたい。

地域市町村にとって「予算の中の予算」と歓迎される一括交付金（ソフト）は、仲井眞県政最大の功績、と言っても過言ではない。県庁関係者によると、「沖縄地域の隅々に行き届いた各分野の事業は全て、一括交付金のお陰とみていいだろう」と指摘される。

２０１２（平成24）年度のソフト交付金創設以来、仲井眞県政は、離島航空運賃の低減を実現し、在来の離島船舶を更新するなどして離島に配船した。１００億円以上の大規模容量の海底光ケーブル敷設、伊良部大橋架橋、宮古病院や八重山病院新設などざっと挙げるだけでも離島振興にどれほどの経済効果を生んだことか。また、観光客誘客や国際物流拠点の形成、ロジスティクスセンター（物流倉庫群）建設、情報通信産業（ＩＴ）の振興など沖縄の経済繁栄を支える最大のツールが全県的に活用された。従来の補助金ではとうてい不可能だった対象事業が実現可能になっている。仲井眞県政は、年間８００億円の一括交付金を惜しみなく全県の市町村に配分した。仲井眞が知事在任時の配分額は、県が毎年５００億円に対して、市町村の配分は、12年度３０３億円、13年度３０３億円、14年度は３１２億円である。自由に使えるこれだけの予算があれば、市町村は、住民の大部分のニーズに対応できる。子育て、教育、医療、福祉など細やかな事業が実施できるのだ。別名「仲井眞基金」と呼んで離島市町村が特別視する理由になっている。

4　国際貨物ハブと航空機整備工場

アジア各地への迅速な輸送を可能に

――２００９（平成21）年、那覇空港に貨物ハブが開業しました。沖縄県知事としてどのような考えで、この事業に取り組んだのですか。

仲井眞　沖縄にとって物流体制の整備は長年の課題でした。私は沖縄から船に乗って上京し、大学に進学した世代ですが、当時でも、沖縄県民を食べさせていくだけの物資を運送すること、そして沖縄に立地する企業が県外と商売をする際のコストが大きな課題となってのしかかっていました。

その後の沖縄振興計画でも常に経済発展のための物流の活発化、インフラの整備が課題となっていたのです。

そして、私が知事に就任した当時は、航空自由化やエアラインの再編によって、航空輸送のコストが劇的に下がり、時間を大幅短縮して地域の農産物等を空路で消費地に届ける技術が確立されつつありました。

このような時代の変化に対応し、沖縄に物流拠点を置けば、沖縄の悲願であった製造業や流通業等の立地が促進できるのではないか、ということも経済界では議論されていました。

しかし、なかなか沖縄でそのような拠点を作るという判断ができない。貨物基地を作ったとしてこれを使うエアラインがなければ輸送はできないわけです。

そのような課題を抱えていた私の前に現れたのが全日本空輸（全日空＝ＡＮＡ）の大橋洋治会長だったのです。

大橋さんは立派な人でした。エアラインにとって生き馬の目を抜くような時代。大手の企業が不採算を抱えどんどん倒れていく中で、全日空の起業精神を忘れず、サービスの充実によって顧客の信頼を得るという経営方針で成功されていました。

その大橋さんは沖縄をこよなく愛しており、私に同社が中心となって那覇空港に貨物ハブを設置することを提案されたのです。

県庁内部でも、英語が堪能で海外の企業とも交渉できる人材を担当にあて、空港の主である政府とも調整を進めました。

実現すれば、沖縄の農林水産業の生産品を各地に迅速に送ることが可能となります。輸送コストも低減される。また、国内だけでなく海外に市場を広げることもできます。

注目したのは、中国各地との連携です。携帯電話を始めとする電子機器の一大生産拠点となっている中国は、日本でも販売シェアを伸ばしていました。例えば、日本各地で故障した携帯電話を沖縄に集約し、ただちに中国に送る。そしてその日のうちにまた、沖縄経由で返す、いわゆるリペアセンターです。そんな事業を想定していました。

米国で携帯電話の修理を専業とする企業が沖縄に来ないかと、私が直接出向いて誘致したこともあります。

沖縄県が施設を整備し、全日空が筆頭株主となって県、那覇市、県内の銀行、輸送業者など11社が投資し、２００９年に那覇空港貨物ターミナル株式会社が設立されました。大橋さんも企業人として十分なビジョンを持っていたのだと思います。その後全日空は沖縄便を増発し、さらに航空機の整備工場を那覇に立ち上げます。

県の仕事はむしろこれからです。企業が何を求めているかを確実にキャッチし、沖縄の振興発展に繋がるようなインフラの整備を継続しなくてはなりません。

――貨物ハブ以外には、航空機整備工場の誘致は沖縄の航空産業にとって意義があることです。どのようにして誘致を実現したのですか。

これも全日空からの提案です。エアラインにとって、飛行機の安全性維持のためのメンテナンスは重要ですが、大きなコストがかかります。これを一手に引き受ける拠点があれば、輸送と連動してコストを下げることができます。アジア各地から飛行機が集まってきます。

全日空は沖縄に注目し、那覇空港に同社が運営する整備基地を置きたいと言ってこられました。羽田、伊丹にある現在の整備拠点に加え、よりアジアに近い場所でビジネスを拡大したいという説明でした。

私は担当者に検討を命じ、那覇空港の海側に適地があると知り、直ちに設置に着手するよう頼みました。そこはすでに自衛隊が使用していたのですが、防衛省や官邸との交渉の結果、自衛隊が移動してくれることになりました。

２０１５年に整備基地はＭＲＯジャパン株式会社として立ち上がり、現在、全日空だけでなく、アジアのエアラインの機材の整備も引き受けているということです。

沖縄にも多くのＬＣＣ（格安航空会社）が乗り入れており、今後有望な産業になりそうですね。

また、私は理工系の学部出身ですが、沖縄に技術系の人材を吸収する企業が少ないことに常々、不満を抱いていました。沖縄電力が理系人材を登用する代表企業ですが、ＭＲＯは積極的に国立沖縄工業高等専門学校や、各種専門学校、工業高校などから県内の人材を採用しているそうです。人材育成の面でも大きく期待しています。

（註：MRO＝Maintenance, Repair & Overhaulの略）

●ポイント解説

一大貨物拠点を形成

那覇空港を訪れたことのある者なら、旅客ターミナルの北側に巨大な貨物エリアが存在することに気付くだろう。一般乗客とは隔離された同エリアには、倉庫、トラックターミナル、貨物集配エリアが設置され、エアラインの貨物機が接続するエプロンが存在する。観光客でごった返すターミナルとは別に、エアラインと県内外の運輸業者が入居するこの地域こそ、沖縄振興計画の目玉事業のひとつ、「那覇空港貨物ターミナル」である。

離島県である沖縄は、常に物流コストの克服が課題だった。このことは、沖縄における製造業の立地を困難にし、また農林水産業の面でも優れた生産物を県外に出荷できないなどの問題を抱えていた。

21世紀になって起こった航空輸送の拡大、低コスト化。さらにアジア諸国の経済発展による物流需要の増加が、沖縄の持つ地理的価値を向上させている。

このことにいち早く気付いた仲井眞県政には、沖縄に貨物物流基地を置けば、中国をはじめとするアジア主要都市との近接性を活かし、航空便の増発によって一大貨物拠点が実現されるという見通しがあった。

しかし、そのようなインフラを整備しても、果たして企業がついてきてもらえるのか。不安があったのも事実である。この問題を解消したのは仲井眞知事の幅広い知識と人脈だった。ただ、翁長、玉城両県政以降は、企業の動きが鈍くなっているのは懸念材料だ。

5　沖縄空手会館創設

「空手発祥の地」沖縄の拠点

――沖縄空手界の念願だった空手会館創設は、選挙公約のひとつとして一期目から力を入れてきました。空手会館が創設されたおかげで「空手発祥の地」沖縄のネームバリューは内外でさらに高まり、世界中の空手家が沖縄を訪れて空手と、古武道（術）を学ぶようになりました。空手に対する愛着は子どもの頃から強かったのですか。

仲井眞　そうですね。個人的なことを言えば、父親の元楷《げんかい》が剛柔流の修得者だったこともあって空手や古武道については、子どもの頃からあれこれ聞かされて育ちました。父の師匠は、剛柔流の開祖と言われ、沖縄空手界の逸材と尊敬された宮城長順師匠です。父は、宮城師匠の直弟子であることを自慢していましたね。腕前は、自分の道場を持つところまで許されていたようですので、今で言えば高段者でしょうか。兄弟弟子には有名な八木明徳《めいとく》氏（明武館創始者）がいたそうです。

　父の周りには空手界の友人たちがいつも大勢

「空手の本場」が誇る沖縄空手会館（豊見城市内）

いたため、私も幼いなりに空手に興味をもち、憧れがあったと思います。父や、専門の先生に直接空手を教わることはありませんでしたが、沖縄空手に対する親近感とか、愛着はずっと持ち続けた気がします。

また、個人的な愛着心は別にして、空手道そのものは、沖縄が世界に誇る伝統文化の代表でもあります。そこで、琉球歴史とつながる伝統文化のさらなる育成・向上を図ろうと、空手道会館建設を県知事選挙の公約に掲げました。空手関係者や、産業界の方々からの要望も強いものがありました。

金秀グループ創業者で、沖縄県経営者協会会長を歴任した呉屋《ごや》秀信《ひでのぶ》氏は特に熱心でした。会館建設の着想から計画づくりの細部に至るまで貴重な助言をいただき、たくさんある流派のご意見をまとめるのに力を発揮してもらいました。産業界ではほかに「りゅうせき」グループの知念《ちねん》栄治《えいじ》氏が積極的でした。私が知事に就任した際に産業界の方々から会館創設を沖縄県に委ねてもらいました。

私も意欲を持って会館建設に取り組みましたが、いざ、取りかかってみますとこれがなかなか大変な仕事でしたね。まずは用地の選定や取得にずいぶん苦労しました。民間企業が所有していた豊《と》見《み》城《ぐすく》城址公園（豊見城市）内の用地取得に難航したのを憶えています。

かなり広くて4ヘクタール（4万平方メートル）くらいはありましたか。予算面（用地取得費）の折り合いも時間がかかりました。ですが、一括交付金を活用して取得できたのは幸いでした。

会館敷地は結構余裕があったため、いずれは空手の国際大会を開催できる規模までもっていこうと壮大な計画図を描いていましたよ。ところがどういうものか、私の次の県政になって当初の計画より規模が縮小されて完成しました。この点はいまだに心残りです。伝統を重んじる意味で「空手道会館」とした名称も完成してみると「空手会館」に変更されています。

でも、世界に冠たる「空手発祥の地」における拠点の存在は、沖縄伝統空手の保存と継承にとって大きな支えであることに変わりはありません。海外から多くの空手家たちが毎年やってきて、本場・沖縄の空手や古武道の修得に汗を流し、技を研鑽《けんさん》しているようです。空手、古武道の真髄を空手会館で学びとり、世界各国でさらなる普及と発展を目指してもらえれば会館創設の目的が叶います。

また、沖縄県内外の各流派の交流に役立ってもらうのも期待のひとつです。上は範士の先生方から初心者まで、空手を愛する幅広い層が空手会館を交流と鍛錬の場として活用し、技と精神修行に切磋琢磨していただきたいと思います。

オリンピックの正式種目になった

沖縄を発祥の地とする空手が、2020（令和2）年の東京オリンピック・パラリンピック（新型コロナウイルス感染拡大の影響で21年に延期）で正式種目になりました。空手熱の盛り上がりとともに、沖縄の歴史や伝統文化にも世界の目が注がれています。金メダルの有望選手も育って参りました。また、中学校や高校でも空手の教科が取り入れられ、空手の全盛期がやってきたような雰囲気です。

確かに徒手空拳で身を護る沖縄の空手には、琉球王国時代から近世、近代、現代にわたる歴史が内包され、伝統文化として培ってきた誇りが備わっていると思います。従いまして、オリンピックで世界各国から日本を訪れる選手や愛好家の皆さんには、空手の技術と精神面の修養と併せて、できれば沖縄を訪れて歴史の一端に直接触れて欲しいと願っています。沖縄の空手は、守礼の邦にふさわしく、「礼に始まり、礼に終わる」のが教義の原点です。私は子どもの頃、父に教わったこうした礼節の心を今でも大事なものとして憶えています。
「空手に先手なし」という独特の「空手訓」もあります。武を尊び、自らを鍛え、相手を攻めるよりも争いを避ける沖縄空手の真髄は、私の信条とする「自立自尊」の基本姿勢に通じる哲学を持っていると感じます。東京オリンピックでは、人間形成を旨とする沖縄空手の精神を忘れることなく、選手の方々は正々堂々と腕を競って欲しいですね。

　ところで、沖縄の将来を担う子どもたちの心身を鍛える空手教育の現状は、実に頼もしい限りです。伝統文化の保存、継承のためにも十分な効果を発揮していると考えられます。また、各学校における空手教育の実践は、健全な身体や精神の修養はもとより、国際的に通用する人材育成の上でも大変重要な役割を果たしていると思います。世界で活躍する子どもたちが、沖縄の伝統文化である空手を身に付け、世界の人々の前で堂々と空手の技や型（形）を披露できれば沖縄に対する世界の評価はもっと高くなっていくと信じています。空手を演武する本人をはじめ、沖縄の伝統文化の価値が見直され、改めて空手の本場・沖縄に対する信頼と尊敬の念が生じるはずですよ。

　空手だけではありません。琉球舞踊や琉球古典音楽なども然りです。沖縄の伝統文化や芸能の持つ力、いわゆるソフトパワーは、世界に発信できる沖縄の大切な財産です。貴重な資源です。沖縄の基幹産業である観光業の振興とも相まって、これらのソフトパワーが沖縄発展の大きな支えになっていくのは間違いありません。オリンピックを機に沖縄の空手が国際社会との相互交流に一段と弾みをつけ、観光で沖縄を訪れる海外のお客さんがさらに増えるような相乗効果が生まれるといいですね。

●ポイント解説

やはり空手の武人だった元楷

沖縄の文化芸能に精通した仲井眞元楷はやはり、伝統空手の武人（沖縄方言で、ぶさー）でもあった。仲井眞弘多の父親である元楷は、空手の「達人」と呼ばれた。元楷が沖縄地元の雑誌「青い海」（１９７８年2月号）に書いた空手の随想がある。「恩沢無量、人間の道を説く」と題して空手の恩師・宮城長順に学んだ空手の日々を偲んでいる。宮城は、「那覇手（なーはディー）」の有名な武術家で、現在の剛柔流の開祖とされる。
随想によると、那覇は久米村（沖縄方言読みでクニンダ）出身の元楷は、県立第二中学校（現在の那覇高校）の生徒だった1923（大正12）年の春、15歳で空手の道に入っている。元楷が門下生として教えを仰いだ宮城長順は当時、「ぶさーみゃーぐしく（武者、武人・宮城）」と称され、「那覇手」を東恩納《ひがしおんな》寛量《かんりょう》から継承した沖縄空手界の逸材と目された指導者だった。

少し説明を加えると、沖縄社会では武術（空手や剣道など）に秀でた人物を「武士（さむらい、さむれー）」とか「武人＝ぶさー」と呼ぶのが一般的で、他府県で言われる階級的な呼称の「武士」や士族とは意味合いが異なる。

「ぶさー」と異名をとった宮城の「那覇手」とは、今のように段位や流派のなかった時代につけられた空手の通称である。「ティー（手拳）」から発達した沖縄の空手は、型（形）の特徴によって地名などで呼ばれ、「那覇手」のほかに「首里手（すいディー）」と「泊手（とぅまいディー）」などが代表的な存在だ。

それぞれに傑出した空手家（武術家）が居住した地名がつけられたようで、「首里手」は、首里王城を中心とした首里士族の間で発達した。「唐手（とぅーディー）」佐久川をはじめ、琉球王の武術指南役をつとめた松村宗昆《そうこん》（ぶしマチムラ）など「多くの武術家が輩出した」（『空手の歴史』宮城篤正著／おきなわ文庫）と伝えられる。「泊手」には、松茂良興《まつもらこう》作《さく》や親泊興寛《おやどまりこうかん》がいる。

　空手は、琉球王国時代に「ティー」と呼ばれ、王家の護衛を主な目的とする琉球独特の武術だった。それが明国など中国や東南アジアの国々と交流交易を重ねるなかで、特に中国の拳法と組み合わされて「唐手」となり、明治、大正、昭和の時代になって「空手」の呼称に変遷してきたようだ。いずれにしろ、沖縄の空手、古武道はもともと、門外不出の「秘術・秘技」の要素が濃い武術である。

　さて、宮城長順師匠の下で厳しい鍛錬に耐えた元楷は、師に対する尊崇の念を随想で述べ、「宮城長順先生が残された偉業を、私はまた手さぐりで暗い道を歩き続けよう」と空手の道を目指す意気込みを語っている。

　文脈からすると、「那覇手」の剛柔流をまだまだ極めんとする決意が示された内容とも読め、空手家の情熱を忘れない元楷の姿勢が表出している随想だ。

　仲井眞弘多によれば「『仲井眞道場』と大書した看板が自宅に置かれていた」というから、段位のない当時、元楷の腕前は相当な域に達していたと推察できる。昔も現在も、指導者にふさわしい技量と人間性を師匠が認めて初めて、弟子は自分の道場を持つことが許される。自分の道場こそ持たなかったが、道場の看板を保持することが許されていた事実を知ると、空手の「達人」と世間で評された元楷の技量は、本物だったことが分かる。元楷が子どもの弘多に対して、教え、諭した「空手訓」の数々は、子どもの胸にしっかり畳まれ、後の時代になって伝統空手と競技空手、古武道（術）の拠点になる空手会館創設へと引き継がれた。

仲井眞県政時代の２０１１年に建設計画がスタートした空手会館は、およそ4ヘクタールの敷地に色彩豊かで勇壮な姿を見せており、ここには仲井眞県政の英断で70億円近い一括交付金が投じられた。

「沖縄空手会館」と銘打たれ、空手・古武道に特化した建造物は、他府県にはない沖縄独自のものだ。歴史と伝統文化を誇りにする沖縄ならではの象徴的拠点と言えようか。会館には各流派の国際セミナーや空手大会の演武場になる道場施設をはじめ、空手の鍛錬場、古武道の武具室、歴史資料室など空手、古武道に関する情報がほとんど備わっている。沖縄空手会館の存在は、１億3千万人と言われる世界の空手人口をさらに拡大、発展させる原動力になると信じたい。

第二章　理の人　情の人

1 『涙《なだ》そうそう』

演劇に情熱を傾けた妻

――通産省（現・経済産業省）時代に新婚生活を兼ねてアメリカのニューヨークで3年間暮らした体験を持っています。その頃の懐かしい話を聞きたいと思います。慶応大学でフランス文学を専攻した奥様（嘉子《よしこ》）は、演劇の勉強にとても熱心だったようです。仲井眞さんの人生の中でも楽しく、充実した日々だったでしょうね。ニューヨーク時代の思い出などを聞かせて下さい。

仲井眞　そうですね……。通産省にいた26歳頃、20歳の彼女と知り合いました。東京出身の彼女はまだ大学生で、私の友人の紹介でした。彼女の卒業を待って、１９６９（昭和

44）年1月、私が29歳の時に結婚しました。結婚披露宴は、那覇商工会議所の2階ホールに細長いテーブルを並べ、オリオンビールで祝ってもらったのをよく覚えています。

父の元楷、母の八重子もとても喜んでくれましたよ。

私たち2人は、披露宴のあとすぐにアメリカに出発しましたね。

なぜかといえば、その時点ですでにJETRO（日本貿易振興機構）のニューヨーク駐在員として、通産省からの派遣が決まっていたからです。いわば、新婚旅行を兼ねたニューヨーク赴任ですよ。

ニューヨークでは丸3年間暮らしました。街の真ん中のマンハッタンにアパートを借りて、セントラルパークからタイムズスクエア、「自由の女神像」まで2人で歩き廻ったものです。

元知事の父・元楷氏と母・八重子さん

その頃のニューヨークは、ある意味、変化に富んでいましたね。ベトナム戦争が激しい時期で、負傷兵らしき人も目につきました。反戦や厭戦を叫ぶ長髪の若者が道端にあふれ、マリファナも流行していたはずです。ただ、１９６９年11月21日には、テレビや新聞のニュースで佐藤・ニクソン共同声明の発表が報じられ、米国統治下にあった沖縄の１９７２年返還決定が知らされました。「いよいよ沖縄が日本に還る日が決まった」と、ある種の感慨を覚え、とても興奮した記憶がありますよ。

それは、歴史的な出来事ですからね。確か、妻の嘉子と祝杯を挙げたと思います。

ニューヨークの生活の中で私は、ＪＥＴＲＯの調査員として、テーマを決めてアメリカ中の産業事情を車で見て廻り、農業や農産物、農業機械から飛行機産業まで各地の生産現場を確認してレポートに書いていました。

妻は、演劇学校を見つけてそこに通っていました。名門と言われた劇場兼俳優養成専門学校（ネイバーフッドプレイハウス・オブ・ザ・シアター）で2年間の過程を終え、演劇の世界にさらに情熱を傾けていったようでした。現代的な演劇というより、オスカー・ワイルドの古典的な作品などをベースに勉強していたと思います。

とにかく3年間、演劇に熱中していましたね。演劇学校にあと1年間残る、ということになって、私の方がひと足先に帰国したほどです。

快活で物怖じしない性格でしたから、アメリカの演劇仲間もすぐにできて、私より英会話がうまかったなあ。

夜歩いてもまだ安全な時代でした。２人一緒にニューヨークのジャズバーをハシゴしたりしてニューヨーク生活を楽しみました。今でも良い思い出になっています。

私が東京（通産省）に戻ったのは、沖縄が日本復帰する年（１９７２年5月15日）の３月です。

先程も言いましたが、沖縄の日本復帰（沖縄返還）は、ニューヨーク滞在中の１９６９年11月21日に知っていました。アメリカから帰国したその年に「復帰する」という現実感覚は、復帰の日が近付くにつれて自ずと高まりました。

能楽の舞台表現に魅せられていた

――奥様は、日本に帰国してからも舞台演劇に情熱を注ぎ、演劇教室を開くなどして若手を指導したとお聞きしています。とてもお元気な方でしたね。ですが大変残念なことに2002年2月、55歳の若さで沖縄で亡くなられました。悲しみから何年か後、仲井眞さんは夏川りみの曲『涙《なだ》そうそう』を覚えられたようですが、差し障りのない範囲で当時の様子をお聞かせ下さい。

仲井眞　ニューヨークから帰国した妻は、劇団「民藝」や「四季」など日本の演劇界と付き合いを深めました。

「民藝」の大御所、宇野重吉氏とはとくに仲が良かった。ほかに評論家で演劇に精通した福田恆存《つねあり》氏と親しくさせていただいていたとのことです。

小さな劇場小屋を借りて演劇教室を開いているうち、私たち夫婦も住んでいた東京目白の実家を改造して演劇スタジオを造ってしまった。数十人の若手を集めて一緒に演劇発表などをしていました。

ある時なんか、人手が足りないといって、冗談まじりに私も通行人役で舞台出演させられました。

結婚して10年経った頃、娘二人が生まれ（長女・ゆみな、次女・知里）、義母のタネさんとともに、その頃は本当に水入らずの生活を過ごしました。

私が勤務した沖縄開発庁（現・内閣府）沖縄総合事務局時代（１９８０年頃、単身赴任）には、夏になると、東京から沖縄に母娘でやって来てダイビングを楽しんでいましたね。娘たちは泳ぐのが好きだった。座間味《ざまみ》や与那国《よなぐに》など離島の海で一日中ダイビングづけですよ。とても仲の良い母娘でした。

後年、妻は沖縄に来た際突然倒れ多発性脳梗塞《こうそく》の診断を受け、浦添市内の病院と、私が住んでいた同市内の自宅で２年近く闘病生活を続けて亡くなりました。

闘病生活では、介護の方々にとてもお世話になりました。

私が沖縄電力の社長の時ですよ。

東京から駆けつけた母親のタネさんや、娘たち２人に看取られた最期でした。長女が大学生、次女はちょうど高校を卒業する頃です。

晩年の話をしますと、彼女は、演劇以外にもなぜか、私の知らない世界を追い求めていましたね。

沖縄のウートートゥ（拝み）に傾倒して、西表島や与那国島の先まで足を延ばし、沖縄中のウタキ（御嶽、拝所）をくまなく「拝み」に廻っています。

そうこうするうちに、今度はお能（能楽）の世界に入っていく。

能は、霊界とこの世を繋ぐ日本伝統の舞台表現のひとつでしょうか。演劇から能へと舞台表現の幅を広げていきました。

ひとつごとに取りかかると、何事にも集中する性格です。

最初は東京で観世《かんぜ》流の能を学んでいました。それから苦労して京都まで通い、今度は金剛流の先生に教わりました。

演劇のキャリアを積んでいたせいか、能の動きにも身体がピタリと合って、上達は早かったそうです。

当時、那覇にあった小劇場の「沖縄ジァンジァン」で、技法などの上演をやった経験があったはずです。

そうですね、『涙そうそう』はね、妻が亡くなって１、２年後くらいかな、娘たちにカラオケ店に連れていかれ、そこで偶然に曲を聴き、それからＣＤを買いました。歌い手が石垣島出身ということで、とても上手《うま》い。曲全体の感じがなんとなく優しくて、自分の気持ちが落ち着けたのかもしれません。

歌を覚えるのが大変でした。確かＣＤを１００回以上は聴いて覚えたと思います。

今は唄う、というよりはハミング程度が精一杯ですよ。でも、『涙そうそう』はね、いつまで経っても忘れられない一曲です。

●ポイント解説

娘たちに励まされた日々

インタビューに対して亡き妻を語る時、仲井眞弘多の声は、さすがにトーンが落ち、目をしばたたかせる場面が何度か見られた。よく響く、張りのある普段の声は陰をひそめ、途切れがちだった。

経済界の知人は、「奥様を亡くした頃の彼は、声をかけにくいほど失意の中にいた。よほどショックだったに違いない。気の毒だった」と振り返る。

友人らが仲井眞を励ます酒席をつくっても、酒を飲むと割と饒舌だった彼の姿はなく、仕事や公の場を離れると、表情は暗かった。

本人も気がつかないうちについ、ふさぎ込んでしまうのかもしれなかった。

そんな状態が続いたことから、その頃には東京から沖縄に移り住んでいた娘二人が、父親を引っ張り出して時々、カラオケ店に通ったりした。

そこで出合った曲が、全国で大ヒットした夏川りみの『涙そうそう』だった。

作詞は森山良子、八重山出身のＢＥＧＩＮが作曲した『涙そうそう』は、メロディーがどこかもの悲しく、夏川が唄う哀切の声が曲全体を包み込んで聴く者の胸を打つ。

詞の一部を抜粋すると、

――晴れ渡る日も　雨の日も
　浮かぶあの笑顔
――さみしくて　恋しくて
　君への想い　涙そうそう

石垣島出身の歌手が唄うこの曲は、妻を亡くした仲井眞の心情に染みるものがあったのだろうか。

友人たちとたまにカラオケ店で飲むと、大正ロマンを好んで唄った仲井眞は、ある日を境に、彼のレパートリーのなかに『涙そうそう』を追加した。

ところで、妻と過ごした思い出として、ニューヨーク時代の話は先述した。

ではここで、仲井眞が歩むことになるその後の政治人生にとって、「奇しき因縁」とでも呼ぶべき体験談を思い起こしておきたい。

若い頃の仲井眞がニューヨークに赴任した１９６９年といえば、あのベトナム戦争がピークを迎えた時期である。そして69年11月21日はまた、沖縄県民にとってそれこそ、忘れられない一日とも言える日だった。

仲井眞もすでに認識していたように日本の佐藤首相と、アメリカのニクソン大統領はこの日、ニューヨークとそんなに離れていないワシントンで、歴史的な共同声明を発表した。太平洋戦争終了後、20数年以上の長きに亘ってアメリカの支配下に置かれた沖縄の「核抜き、本土並み、72年返還」が、共同声明で国際社会に宣言されたのである。

沖縄百万県民の悲願と言われ、全ての人々が心底待ち望んだ日本（本土）復帰であった。共同声明発表は、日本復帰の実現する舞台が日米両国で正式に決定され、現実の色彩を帯びて整えられた瞬間だった。

核再持ち込みといった沖縄米軍基地の態様や機能のほかに、ベトナム戦争の行方など日米間でいくつかの懸念材料を抱えながらも、１９７２年沖縄返還（復帰）は、絶対的な施政権者として沖縄を統治下に置いていた米国軍政のロードマップに確実に描かれた。

日米共同声明発表について仲井眞は「その日のことはよく覚えている。ある種の感慨があった。興奮した」と述べているように、ニューヨークに住んでいた彼は、沖縄の運命を握るアメリカ本国にいながらにして、１９６９年11月21日、沖縄の念願だった日本復帰宣言（沖縄返還）を目の当たりにした一人、と言えなくもない。

間違いなく、国際政治の現場と、歴史的モニュメントを体現した人間だった。

ただ、当時も今も在沖米軍基地の存在は、アジア地域全般の安全と軍事抑止力に相応の役割を果たしているにもかかわらず、その扱いは論議にさらされ、足下の沖縄では復帰前後から今日に至るまで、基地反対勢力の批判を浴びている。

もうひとつ付け加えると、基地反対勢力の中には日本復帰に対しても、「反復帰」論を唱えるグループがいる。だが、県民意識調査や世論調査の全てにおいて、県民の9割を超す大多数は「本土に復帰して良かった」と評価しているのが沖縄の偽らざる状況である。

ところで、ニューヨーク時代から歳月を経た２００６年11月19日、沖縄県知事として政治の世界に踏み入った仲井眞弘多は、沖縄のカジ取り役を任される中、かつてのベトナム戦争以降も続く在沖米軍基地の在り様に正面切って向き合う運命に遭遇する。

巡り合わせというのだろうか、普天間飛行場（宜野湾《ぎのわん》市）の危険性除去と閉鎖、普天間基地の代替施設である名護《なご》市辺野古《へのこ》崎埋め立て承認問題がそれである。（後述）

しかし、時代が移り、後の世になって、基地に関するハードな舞台が実際に待ち受けているとは、若き日の仲井眞はもちろん、ほかの誰も知る由はなかったことである。

ベトナム戦争に関連して言えば、仲井眞夫妻がニューヨークの町中で見かけた長髪の若者たちは、いわゆるヒッピー族と称される一群に違いなく、ジョン・バエズやボブ・ディランの反戦歌などが流行っていた時代であったろう。

アメリカの若者たちには厭戦気分が蔓延しており、当時の風潮と世相は、ベトナム戦争終結に影響を与えたとされる。

沖縄返還の日米交渉について、国際政治学者・若泉敬の著書『他策ナカリシヲ信ゼムと欲ス』（文藝春秋）は、「――ベトナム戦争は、兵站《へいたん》補給と、作戦出撃基地の役割を任務とする沖縄米軍基地の機能や在り様（態様）と密接に関わるだけに、返還をめぐる日米交渉では論議の中心的テーマのひとつに位置づけられていた（一部要旨）」と、容易ではなかった日本（本土）復帰の舞台裏を明かしている。

もう一度言っておこう。

仲井眞が過ごしたニューヨーク時代、彼は日米首脳が演じた歴史の一大転換点ともいうべき「沖縄返還」の舞台を間近に見届ける経験ができたのだ。

2　家族の絆

力合わせて知事選挙乗り切る

――県知事選挙に初めて出馬した際、2人の娘さんが力になりました。娘さんたちの「親孝行」ぶりは、選挙事情を知る関係者の間で話題になったほどです。とてもチャーミングな姉妹で、支持者や選挙スタッフに好印象を与え、皆さんから人気がありましたね。

仲井眞　いやあ、その頃の話になりますと、娘たちには頭が上がりません。選挙では本当に助けてもらいました。

選挙は大体、候補者と、その奥様がペアになって戦うのが一般的な戦術になっています。私の場合は、妻を亡くして4年以上が経っていましたから独り身です。しかも、自分の選挙は初めての経験です。

素人同然と言ってもよく、集会や街頭で政策を訴え、手を振るのに精一杯といった状態でした。正直言って、心細い時もありましたよ。それだけに娘たちの応援は心強く、元気をもらいました。

長女は会社員、次女はそろそろ大学を卒業する頃でしたかね。

長女は会社の休みを利用しながら手伝う程度で、次女は私のスケジュールに合わせて時々、集まりに顔を出してくれました。

選挙事務所は通常、候補者の身内が表立って動くのを好みませんが、2人とも明るい性格だったため選挙スタッフから可愛いがられたようです。

娘たちの応援は概ね評判が良くて、候補者本人よりも「娘さんを寄越してくれ」と半ば本気で要求する選対支部があったと聞かされ、苦笑したものです。ご婦人層の集まりに彼女たちが顔を見せると、「選挙ムードがパッと盛り上がる」と褒められたことがあります。スタッフの戦術効果だったはずですが、娘たちと私が並んだ後援会内部用のポスターも歓迎されました。

革新勢力の相手候補（糸数慶子）は百戦錬磨の強敵です。保革両陣営が総力を挙げた厳しい選挙戦でした。そんな中で娘2人の応援はやはり、気持ちの上で大きな支えですよ。食事や服装に細かく気を配ってくれたこともありがたかった。

街頭での活動を終えて自宅に戻ると、遅い夕食には私の好物の鍋焼きうどんなどが準備され、一緒に食卓を囲みました。一日の疲れがとれ、気持ちがとても安らぐひと時だったことを憶えています。

当選確実の知らせがもたらされた時、娘たちが真っ先に抱きついてきて心から喜んでくれました。母親を亡くしてからお互いに励まし合って暮らしてきましたので、改めて家族の愛情を実感しました。今もって娘たちには感謝の気持ちのみです。

自由闊達《かったつ》な父、働き者の母

――父親の元楷さんは、ラジオの「方言ニュース」で広く知られたように沖縄の文化芸能をこよなく愛し、伝統空手・剛柔流の修得者とも言われた方です。母親の八重子さんは、沖縄女性らしくとても働き者で、子どもたちに「平等の精神」を教えてくれたそうです。仲井眞さん自身は、大阪生まれの沖縄育ちです。当時の話など教えて下さい。

仲井眞　父の元楷と母の八重子は戦前、沖縄から大阪に移住して生活していました。大阪をはじめとする関西地域は、日本の工業地帯の中心地として経済産業が活況を呈していた時代です。私が見たところ、大阪人と沖縄人は気風においてどこか共通性があり、お互いに親近感があった気がします。そのためか、経済事情が苦しい沖縄からはたくさんの人々が仕事を求めて大阪に移り住み、貴重な出稼ぎ先にもなっていました。

また、近づく戦火を逃れて大阪にやってきたケースもあったそうです。沖縄の人間は、肩を寄せ合って、ひとつの集落を形づくるかのように暮らしていました。

私は、日本が太平洋戦争に入る前の１９３９（昭和14）年に大阪市の東成区で生まれました。きょうだいは7人いて、上から2番目で長男です。

父も母も学校の教師をしており、父親は、国文と体育を兼ねた教師として生計を立てていました。

その一方で父は、沖縄（ウチナー）芝居の役者さんたちが集まって旗揚げした沖縄劇場の上演に熱中していたといい、主に芝居の脚本書きが専門だったと聞いています。その頃の大阪には沖縄で名の知れた役者さんがたくさん移り住んでいたと言います。

父はむしろ、教職よりも沖縄の文化芸能に関心が強くて、大阪の地元ではその方面の世界で顔が広かったようです。

こうした話は、ウチナー芝居の大御所として有名な八《はち》木《き》政男先生から直接聞きましたよ。

そのうち戦争が本格化して大阪の大空襲で焼け出された私たち家族は、大分県の山間の村に疎開していきました。

私が小学校1年生の頃に終戦を迎え、終戦翌年には沖縄へと引き揚げています。

戦争で、故郷が焼け野原になったという情報を伝え聞いた父親が「沖縄の復興を手助けしたい」と内地からの引き揚げを思い立ち、戦後間もない沖縄の地を踏んだわけです。

沖縄上陸後はまず、米軍によって沖縄本島中部にある石川の収容所に連行されて調査や検査を受け、収容所生活を送った記憶があります。

沖縄生活のスタートは、実際には父母の出身地である那覇のテント小屋から始まったはずです。父は、かつての芸能仲間たちと中央劇場を立ち上げてウチナー芝居や映画を上演したほか、後にはラジオで沖縄方言ニュースを流したりしていました。また、石川では松竹梅の名のついた沖縄劇団の手伝いをやっていたそうです。

さらに空手を教えていたかと思えば、那覇市の市議会議員を務め、政治の世界で活動するなど結構、行動範囲が広く、自由闊達《かったつ》に生きていたように思います。いずれにしましても父親は、沖縄の伝統文化、芸能を終生大事にしていた印象があります。

子ども7人を育てた母親はいつも働き詰めで生活をしのいでいました。何しろ、いくら思い出してみても、私の中では朝から晩まで働いていた母の姿しか思い浮かびません。周囲では「働き者」と評判を呼び、飲み屋、貸本屋、雑貨店、文房具店、薬局、冷やしコーヒー売りなどどんな仕事でも自分で切り盛りしていました。

そんな環境でも母は笑顔を絶やしたことがなく、子どもたちもみんなで力を合わせて一生懸命お店の手伝いをしました。

また一高女（沖縄県立第一高等女学校）出身で、その頃、「インテリ」と目されていた母は、「勉強家」として知られ、暇をみつけてはいろんな本を読んでいた記憶があります。日本の古典を読み、自分で本を書いたりもしていました。

一高女では、後に県知事になった屋良《やら》朝苗《ちょうびょう》先生に物理などの理数系を教えられたといい、とても尊敬していました。

理数系の科目を得意にしていたという母は、「屋良先生からはとてもかわいがられた」と常々話していましたね。

子どもたちには「しっかり勉強しなさい」と本を読むことを勧め、「人はみんな平等でなければいけない」と言って、特に「平等の精神」を大事にしていました。

私の方は、戦後間もない頃の青空教室（那覇の壺屋小学校）に始まって、小学校を何度も転校して、中学校でも転校を重ねましたよ。

どういう理由かといえば、要するに戦後特有の混乱期の中で、学校の新設や増設が各地で起きて、現在のように校区とかがきちんと整っていなかったわけです。それで子どもたちは学校を転々とせざるを得ません。そういう事情は後になって知った話です。

転校続きで不慣れな環境に戸惑ったばかりか、学校の友だちにいつも大阪弁をからかわれたため、「友だちに笑われないように」と沖縄方言を必死になって覚えたものです。

父親に似て方言にこだわりがあったのか、高校を卒業するまで日常生活のほとんどを沖縄方言で通しましたね。

高校の授業では、沖縄方言で質問して先生をだいぶ困らせたものです。

●ポイント解説

残りの人生は沖縄発展のために

仲井眞弘多が挑戦した沖縄県知事選挙の一期目公約の一丁目一番地は、産業基盤を整備して、企業環境の充実を図り、就業環境を大改善して完全失業率を全国並みにもっていくことだった。

この公約については、第一章で触れた。

ここで報告しておくと、産業振興と失業問題を真っ先に掲げた選挙公約からも推察できるように、仲井眞の県知事選挙出馬に最も関心が高く、熱心だったのは県内の産業経済界だった。知事選挙に際して、県内有数の企業群が仲井眞の推薦に回り、経済政策をはじめとする沖縄の振興策と将来の発展を仲井眞に託した。

そこでひとつ、仲井眞と県内経済界の結びつきについて、以下に概略を記してみる。

仲井眞は通産省時代、沖縄総合事務局の通産部長として1980（昭和55）年から2年半、郷里の沖縄勤務を経験している（既述）。

彼はその期間中、沖縄産業経済界の重鎮や、次の時代を担う若き経済人たちの知遇を得ていた。

代表格を挙げれば、戦後沖縄の産業経済復興を牽引した國場《こくば》幸太郎（國場組）、大城鎌吉（大城組）、宮城仁四郎（琉球セメント）、古波津《こはつ》清昇（拓南製鐵）といった創業者の面々である。次代の経済界の中堅として中山吉一、國場幸一郎、稲嶺惠一、小禄邦男、比嘉良雄ら各氏がいた。

１９７２（昭和47）年の日本復帰から間もない当時、仲井眞が経済界と熱心に論議した大きな柱は、沖縄の電力事業を独立民営化にすべきか、それとも東京電力や、九州電力など本土企業との吸収合併かというテーマだった。

その頃、沖縄には数社の小規模配電会社などが存立しており、日本政府の方針で電力事業の一元化が必須条件になっていた。選択肢は、独立企業か、合併かの二者択一しかなかった。

先に挙げた経済界に加えて婦人団体や、消費者団体の代表を交えた委員会が総合事務局内につくられ、そこでは県民生活に直結する電力価格の問題に始まって、独立した場合の安定した企業経営の可否など各種課題と展望について時間をかけた論議が重ねられた。

仕切り役は、通産部長の仲井眞弘多が受けもった。

結局、独立民営化の結論を得て、最終的には現在の沖縄電力㈱誕生の布石に落ち着くわけだが、取りまとめに手腕を発揮した仲井眞に対する沖縄経済界の評価は、その頃に定まったと言っても差し支えないだろう。

当時を振り返って彼は、

「沖縄産業界の枢要な立場にいた諸先輩方の貴重な意見を学ぶ絶好の機会になった。本土側企業との安易な合併ではなく、たとえ一時期は苦しくても我慢して、独立民営化したほうが沖縄の将来にプラスになる、と結論づけた沖縄経済人の気概というか、沖縄スピリットに触れた経験は感動的ですらあった」

と感想を語っている。

経済界のリーダーたちは、本土大手企業と合併する道を選ばず、誇り高い沖縄の精神に裏づけられた「自立自尊」の道を選択した。仲井眞はそこに感動を覚えたのだ。

経済界の先達が示したこうした教えは、後に政界に転じた仲井眞の精神的支柱へと教訓化されていった。

自らが考え、行動し、責任を引き受ける「自立自尊」の精神・信条は、沖縄発展を目指す仲井眞県政の一貫した基本姿勢である。

時代にもまれたこのようなバックボーンがあって初めて、将来の沖縄像を具体的に描いた「沖縄21世紀ビジョン」構想が生まれ、「沖縄21世紀ビジョン基本計画」が策定された。

そして今日の沖縄の姿がある。

「自立自尊であれ」とした本書の表題は、歴史を刻んだこれらの教訓を基に決定されたものである。

話を戻せば、沖縄における仲井眞弘多の経済人脈の基礎は、この時期に築かれ、彼が歩んだその後の沖縄経済界や、政治、行政の現場でしっかりとステップアップされた。

電力民営化問題で、一緒にテーブルを囲んだ経済界の稲嶺惠一は、それから時を経て、沖縄県知事を二期8年間務め、目に見える形で産業基盤を確立した功績を残している。

仲井眞は、稲嶺県政が敷いた経済振興策を確実に受け止め、自立型経済の新たなステージを創造していった。

ちなみに、國場幸太郎氏とのつながりは、県知事になった仲井眞が達成した那覇空港第2滑走路建設事業にみることができる。

國場組創業者の幸太郎氏は生涯の後半、那覇空港滑走路の増設に人一倍情熱を傾けた人物として知られる。彼は、自らが描いた増設滑走路の図面を会う人ごとに取り出して見せ、経済交流の拡大に対応した増設の必要性を熱っぽく訴えた。

　戦後沖縄経済界の重鎮だった國場幸太郎氏の悲願は、時代の巡り合わせの中で仲井眞弘多が引き継ぎ、見事に実現を果たしたのである。

　増設された那覇空港第２滑走路は、元号が代わった２０２０（令和２）年３月に供用された。第２滑走路の完成を機に「國場幸太郎翁の遺徳を称えた銅像が建立できないものか」と仲井眞は模索している。

伝統文化に親しむ血筋

　もう一度、県知事選挙に出馬した仲井眞の背景に目を転じると、経済界や周りの強い勧めと後押しがあったほかに、個人的動機として「残された人生を沖縄の発展に捧げたい」と熱望した本人の強い決意が見られる。

　高校卒業（那覇高校）以来、沖縄を離れて東京の大学（東京大学工学部）に学び、そのまま通産省に職を求めた仲井眞は、前述した沖縄総合事務局時代の一時期を除いて、ざっと三十年近く沖縄を留守にしていた計算になる。

このため、真っ正直（まっとーばー）な彼は、いつか時がくれば、自分が育った故郷・沖縄のために働いて「恩返しをしたい」と真剣に考えていた。

政府の通産省を49歳で早期退官して沖縄に帰郷、沖縄電力㈱の理事に就いたのがその時であり、相当な覚悟をもって沖縄生活の再スタートを切っている。

県知事選挙当時の仲井眞の家庭事情はといえば、彼は２人の娘たちとの三人暮らしだった。

妻の嘉子は四年前に他界していた。東京から呼び寄せて一緒に暮らしていた義母の佐藤タネさんも娘の後を追うように亡くなった。

仲井眞の選挙出馬に対して、母親譲りの明るい性格に育った娘たちはむしろ、歓迎している風で父親を励まし続けた。

那覇市内のホテルで行われた出馬表明の当日（２００６年9月5日）、緊張した面持ちの仲井眞と並んだ娘たちは、「普段はやさしい父親です。亡き母も選挙に出るのを喜んでいると思います」と、集まった支持者に涙をこらえて話しかけた。

二十歳前後の年頃を男手ひとつで育ててもらった娘たちは、父親への感謝を忘れず、「今後の人生を沖縄のために捧げたい」と表明する仲井眞を積極的に応援した。

ところで、仲井眞の父親の元楷が沖縄芝居や芸能、空手など沖縄の伝統文化を大事にしたことは既述したが、これも父親譲りの血筋か、実は仲井眞自身も琉球古典音楽の素養を確かに持っている。

知事選挙に出馬する以前、沖縄電力の社長、会長職を務めていた頃、仲井眞は、野村流古典音楽の師匠である中村一雄の下で、仕事の合間にうた三線を学んだ経歴がある。三線の腕前は人前で滅多に披露しない。それでも上手、下手は抜きにして「かぎやで風」など基本の曲はマスターしているようで、伝統文化に親しむ「市井《しせい》の愛好家」の顔を持つ。

ついでに言うと、沖縄の古典音楽とはいささか趣が異なるものの、大阪など関西や東京で人気の古典落語について仲井眞は「昔から関心をもっている」と趣味の一端を語る。沖縄で寄席があるとなるべく顔を出し、古典落語のＣＤを聴くのも楽しみのひとつという。

日本の伝統文化の一翼を担う古典落語は、笑いの中に社会の諸相や、人情噺を巧みに織り込むのが特徴だ。情の人・仲井眞と落語の付き合いは、多感な青年時代、お酒を飲み歩いた青春の名残《なごり》と言えるだろうか。

沖縄の伝統空手に関しては、子どもの頃父親によく聞かされてきたため当然、愛着を持ち続けていた。空手に対する仲井眞の愛着心はやがて、沖縄空手会館創設へと実を結び、伝統空手の世界普及に貢献する一方、東京オリンピック・パラリンピックの有力選手を育成する世論づくりに効果を発揮した。（第一章に詳述）

　さらに父祖の血脈とヒストリーを追跡してみると、仲井眞家は、琉球歴史に名高い蔡温《さいおん》（具志頭《ぐしちゃん》親方）の末裔《まつえい》につながっていく。

　父親の出生地である那覇の久米村（沖縄方言読みでクニンダ）には、琉球王国時代に中国から渡来した閩《びん》人が大勢住んでいた。いわゆる、久米三十六姓と呼ばれる人々である。クニンダは、１７００年代の歴史に残る政治家・蔡温を生み出した地だ。王国時代の三司官（現在の大臣クラス）だった蔡温は、琉球歴史のなかで、山林育成策や河川改修など王国の体系的な行政基盤を整備した偉大な指導者として評価されている。

　仲井眞家は、その蔡温の血縁集団で構成する蔡氏門中《むんちゅう》の末裔に当たる。門中とは、先祖を一つにする沖縄独特の家譜系集団の呼称である。

　仲井眞自身は自分のルーツには普段、あまり言及しない。だが、政治や行政の現場で彼が度々見せる鮮やかなリーダーシップの源流は、意外にも、琉球王国時代の三司官・蔡温にたどり着くのかも知れない。

折しも２０１９年10月31日、琉球王国の歴史と文化を象徴する首里城が、火災で焼失した。

衝撃は大きく、悲しみは深い。

仲井眞弘多の心痛は察して余りある。

3　日の丸は振られた

「沖縄の心意気」に動かされた

――いわゆる革新諸党派・勢力が担ぎ出した大田（昌秀）県政一期目の前半に副知事を務めました。県民のほとんどは、仲井眞さんに対して元々保守側の人間ではないかというイメージが強く、意外感があったはずです。大田県政の副知事就任から途中での離任に至るまでの真相は実のところ、世間的にはあまりよく知られていません。大袈裟に言ってしまえば、沖縄の政財界では未だに「謎」のひとつとして語られる場合があります。大田さんとはいつ頃からの知り合いでしたか。そのあたりについて率直なお話を聞かせて下さい。

仲井眞　そうですね、この際、私としても明らかにしておきたい事柄のひとつと言えます。

大田さんと初めて会ったのは、通産省（現在の経済産業省）の現役の頃、40歳代前半だったと記憶しています。東京は霞が関のコーヒー店で会いましたかね。どなたの紹介で会ったかははっきり覚えていません。

「沖縄のことをよく勉強してくれ」とか、「これからの沖縄は若い人が頑張らなきゃあ」といった言い方で、言葉に丁寧さと、慇懃《いんぎん》さがありましたよ。かなり個性の強い人と聞いていましたが、実際会ってみて「あはあ、成程こういう人なのだなあ」との印象でした。その時、色々と話したわけではありません。

その後、彼と接する機会はありませんでした。

49歳で通産省を早めに退官して沖縄に戻り、沖縄電力に職を求めて、後に改めて大田さんと再会する機会がありました。國場《こくば》組の役員を務め、沖縄経済界で活躍していた國場幸一郎氏の紹介でした。大田、國場両氏は、早稲田大学同窓でつくる「稲門会」のメンバーでしたから親しくしているように見えました。国場氏とは、私の沖縄総合事務局通産部時代（1980～1982年）に知遇を得ていました。

それから何かの会合でたまに大田さんと顔を合わせましたが、くわしい話をするほどではありません。ご自身の雰囲気も偉くて、なんだか一種、近寄りがたい感じがありましたからね。

お酒をよく飲むと聞いていましたよ。私も若い頃飲む口だったのであんまり近づくと「危ないなあ」と思って、一緒に飲んだことはなかったです（副知事時代に確か一度だけあった）。

これまでの話はもちろん、大田さんが県知事になる前のことですよ。まさか、彼が県知事選挙に立候補して知事になるなんて考えもしなかった頃です。

さて、大田さんが知事に当選して後の話になります。

ある日、國場幸一郎氏から呼ばれ「大田さんを手伝ってくれ」と時間をかけて、だいぶ口説かれました。

幸一郎氏の話を要約すると——大田さんは、反戦平和論には強い。基地問題に関しては独自の理論をもっている。しかし、経済産業政策には詳しくない。中央（東京の政界、官界、財界など）に人脈がない。このままでは「片肺飛行」になりかねず、これから先の沖縄が不安——というわけです。

ついては、中央の政財界に人脈のある「お前さんにぜひ手伝ってもらいたい」と副知事就任の依頼でした。

今もそうですが、私は保守系の人間であることを否定しません。日本の安全保障に関して、日米安全保障条約＝日米同盟の重要性と必要性を正当に評価する側にいます。従って、中国など核保有国でかつ軍事大国がお隣にいるアジアの情勢全般を見回した時、米軍基地の存在と抑止力を肯定する現実論の立場です。

当時言われた非武装論や、今につながる日米安保廃棄論、基地全面撤去、基地全廃論という非現実的な論理（空想的な観念論、理想論というべきか）には与《くみ》しません。

大田さんが唱える「反戦平和」論の政策や思想に賛同できないのは自明の理です。ましてや、彼の思想や教えに共鳴したとかはまずあり得ません。

「お前さんの考え方はよく分かる。だから、経済産業政策と中央のパイプ役だけやって欲しい。あとは触らなくていい。大田さんもその線で了解している。沖縄全体のためと思って引き受けてくれ」

沖縄の将来の姿に対して、いつも真剣に論議していた幸一郎氏の口調は、最後は「命令」の響きがあったような気がします。

当然、いろんな方々に相談しましたよ。

國場氏と同様に、私の畏友《いゆう》として東京で付き合ってもらった自治労本部（全日本自治体労働組合）の副委員長歴任者である仲吉良新《なかよしりょうしん》氏もその一人でした。自治労本部詰めを辞めて東京からひと足早く沖縄に戻っていた仲吉氏は「みんなのためだと思って手伝ってあげなさい。革新側の人間はぼくが紹介してあげる」と柔らかい口調で副知事就任を諭してきました。

実際、仲吉氏はその後、革新側の主だった人材を事ある毎に紹介してくれています。本当にありがたかったですね。

沖教組（沖縄教職員組合）委員長経験者の福地曠昭《ひろあき》氏にも声をかけられた記憶がありますよ。

皆さん、あの頃は熱かったなあ、という思いがいまだに私の中に残っています。

正直、先輩方の抱く「沖縄の心意気」に何よりも打たれました。

私は51歳、「沖縄の友人たちの意気に感じて、革新勢力の牙城である大田県政に飛び込んだ」というあたりが本音だったでしょうか。

天皇・皇后両陛下に親近感深める

——副知事時代の１９９３年４月23日、第44回全国植樹祭の式典が糸満市摩文仁《まぶに》に近い米《こめ》須《す》海岸で執り行われました。植樹祭式典は、現在の上皇陛下が皇太子殿下から天皇陛下に即位後、沖縄訪問が初めて実現した環境のもとに行われています。天皇陛下と、「反戦平和」論者の大田知事との対面は興味があります。その頃の沖縄の世相では、「天皇来沖反対」などの声は出ませんでしたか。大田知事はどんな様子で陛下を迎えましたか。

仲井眞　なかなか難しい質問ですね。

式典そのものについて言いますと、天皇・皇后両陛下を出迎える大田知事の態度、物腰は実に丁寧そのもので、完璧と言ってもいい程でした。やはり、戦前の教育を受けていたからなのか、きちっと礼をされて、緊張の中でもにこやかな表情をくずさず、堂々と案内役をこなしていましたね。

副知事の私は知事の後ろからついて廻りましたよ。

１万人くらいの出席者がいた会場には温かい歓迎の気持ちが流れ、雰囲気はとても和やかだったと覚えています。

式典会場に両陛下が入場される際、日の丸の小旗が出席者から一斉に振られ、明るい空気が漂う中で出迎えました。大田さんは一瞬驚いた表情を見せたが、笑顔を取り戻して両陛下を迎えられました。空の青さと日の丸の白地に赤のコントラストが迫力があり、強烈に脳裏に焼き付いています。

大田さんは、沖縄戦の英霊が眠る摩文仁での式典に特別の思い入れがあり、「とてもよかった」と植樹祭の感想をもらしています。

この時以来、沖縄県民と皇室の距離感が縮まり、大きな交流になったのではないかと思っています。

ところで、「日の丸」については、反対運動とまでは言えないが、いささかの騒動がありました。

植樹祭の前日くらいに東京の主催者事務局から沖縄県庁に届けられていた約1万本の日の丸の小旗がリュックの中から全部抜き取られていることに気が付きました。

副知事は2人制でしたが、植樹祭は私の所管業務、さすがに慌てました。主催者側は「日の丸の小旗で両陛下を迎えられるのが全国の慣例」と、善処を求めました。

誰が小旗を抜き取ったかを捜すのは後回しにして、業者や関係者に夜中まで小旗の手配をお願いしたものです。

その際、糸満市選出の現職県議会議員（当時）の一人が猛烈に動き、皆さんの協力を得て日の丸の小旗1万本を緊急に集めることができました。日の丸は、無事、式典に間に合いました。

ほっとするやら、感謝するやら、です。

無事に植樹祭を終え、それから後、「慰霊の日」である6月23日の沖縄戦全戦没者追悼式が済むのを見届け、しばらくして副知事を辞しました。

副知事は、大田県政前半に2年半程務めました。まあ、各省庁や国会巡りなど中央とのパイプ役はまずまずこなしたと自負しています。

後は大田県政内部の意思疎通に問題があったということです。

当時の大田県政には、県職労（沖縄県職員労働組合）委員長出身の吉元《よしもと》（政矩《まさのり》）さんが政策調整監のポストにいました。

知事にとても近くて、有力なブレーンです。

当初はそれぞれが所掌業務に専念して、良好な関係性が保たれていたと思います。

ところが、やがて私の所管だった人事面などの分野に首を突っ込んでくる。大田知事もそうした彼の行動を黙って容認している様子です。そのうち、知事は人事面や経済政策でも私の意見を軽く扱う風に見えます。

知事と政策調整監、副知事の三者のバランスが徐々に崩れだして、どうも私の立ち位置が曖昧になり出したのに気付きました。

知事の方は「基地返還アクションプログラム」など基地返還政策を重視する吉元さんの意見を重用する方向にカジを切り、目の前の経済政策にはあまり見向こうとしません。

要するに、政策決定過程や、いくつかの個別の問題などが絡み、県政運営をめぐって沖縄県庁首脳の間にいつしか隙間風が流れ、「齟齬《そご》」が生じたわけです。

政策決定過程で、県政トップ同士がいったん崩れだした関係を修復するのはなかなか容易な作業ではありません。「むしろ、自分が離れたほうが県政はうまく回るかもしれない」と私は副知事離任を決断しました。

●ポイント解説

歴史的だった天皇陛下の沖縄初訪問

行政実務や、安全保障など政策課題の面で、仲井眞弘多は、冷静な論理性をもって論点を整理し、合理的判断を下す。半面、先のインタビューで明らかにした通り、友人たちの意気に感じて熱く決断する「情の人」でもある。

両面を備えた仲井眞の性格は、受け止める側によって正当な評価を生むし、時に誤解を受ける場合がある。

本書は、評価する方の「正論」に重点を置く。どっちにしろ、はっきり言えることは、何事に対しても「頑固な正直さ」を持ってぶつかるところが仲井眞の魅力、である。いちいち右《う》顧《こ》左《さ》眄《べん》しない。決断が早い。

「真っ正直」（沖縄方言で、まっとーばー）な性分なのだ。

さて、植樹祭で仲井眞を苦労させた「日の丸騒動」と、天皇陛下の沖縄初訪問（来沖）について、歴史の事象を交えてここで振り返ってみる。

そうすることで、日の丸、天皇来沖問題は、沖縄にとって根が深いことが見えてくるだろう。現在、「辺野古反対」（名護市辺野古崎埋め立て）を唱えるイデオロギー闘争の淵源《えんげん》に突き当たるかも知れない。

大田知事と副知事の仲井眞が、天皇陛下の案内役を務めた93年の全国植樹祭は、全国一巡を締めくくる式典だった。沖縄ではもうひとつ、全国一巡最後の国家的式典がある。

１９９０年11月の県知事選挙で新人の大田に苦杯をなめた現職・西銘順治は、知事三期目前半の１９８７年には第42回国民体育大会（沖縄海邦国体）を実現した。９月の夏季、10月の秋季に行われた国体は、全国を巡って沖縄が最後であった。

日本本土に対して何かと劣等意識があると見られていた沖縄が「国体の成功をもって自信を取り戻した」と評価されたが、西銘保守県政は、国体誘致、実現までにかなりの難渋を強いられたのが事実である。

その理由を次に説明する。

全国の国体は、天皇陛下のご臨席と国旗・日の丸の掲揚、国歌・君が代の斉唱という３つのプログラムが不離一体の式典だ。

ところが、沖縄は事情が異なり、これら３つのいずれも賛否両論が出て、国体準備段階から県民を二分する激しい論争が起きた。過去の沖縄戦に対する県民感情や、保守対革新の勢力争い、米軍基地の存在と天皇制をめぐるイデオロギー対立など反対運動側の要因は複雑に入り組んでいた。

教職員組合率いる学校現場では特に、日の丸、君が代反対運動が強く、各地で混乱が続いた。そのうち、革新勢力の反対運動は、反戦反基地、反安保、反天皇へと政治的色彩を帯び、イデオロギー闘争に軸足を移していく。

翻《ひるがえ》って、名護市の辺野古崎埋め立て問題に揺れる現在の沖縄を見るとき、「辺野古反対」闘争の内実は、これらの反対運動の流れと大差がないように思える。

国体をめぐる混乱の過程で、昭和天皇は「体調がすぐれない」と国体ご臨席を取りやめ、皇太子ご夫妻（現在の上皇・上皇后陛下）が名代として出席した。
ちなみに、昭和天皇は１９７５年の沖縄国際海洋博覧会でも天皇ご臨席を見合わせ、やはり、皇太子ご夫妻が名代で初来沖している。

その皇太子ご夫妻は、海洋博覧会出席の途中、鎮魂と献花のために訪れた戦跡地「ひめゆりの塔」前で、「沖縄解放」を叫ぶ左翼過激派二人に火炎ビンを投げつけられる事件があった。

それから時間が経って１９８７年10月、皇太子ご夫妻出席のもとに開会された海邦国体秋季大会では、ソフトボール会場で住民の一人（軍用地契約拒否地主）が、会場に掲げられた日の丸を引きずり下ろして焼き捨てる事件が起き、内外に衝撃を与えた（87年10月26日）。

こうした「沖縄の事情」を見ても分かる通り、日の丸、天皇来沖に対する沖縄の反応は、他府県とは様相を異にし、昭和天皇の場合、全国で唯一、沖縄だけの行幸が叶わなかったのである。

そうした経緯からみて、平成時代に入り、天皇陛下が歴代天皇では初めて、沖縄の地を訪問した植樹祭の歴史的意義は大きく、そこに立ち合った仲井眞もまた、歴史の一端に直接触れた証人になり得た、と言える。

さらに不思議な縁と言うべきか、仲井眞は糸満市で行われた２０１２年11月の第32回全国豊かな海づくり沖縄大会（美ら海おきなわ大会）の式典で、今度は県知事として天皇・皇后両陛下を出迎え、親しく声をかけてもらった。

なお、天皇陛下は、皇太子時代を通じて合計11回（皇太子時代５回、天皇時代６回）の沖縄訪問を重ね、「沖縄への理解を深め、人々の気持ちを分るように努めたい」と沖縄に寄り添う心を県民全てに表明した。

皇室に対する沖縄県民の親近感は、今では全国とそれほど変わらないところにあろう。

「ＹＫＫ人事」で硬直化招いた県政

天皇陛下沖縄初訪問というひとつの歴史に立ち会った副知事の仲井眞は他方で、歓迎用の日の丸の小旗を抜き取られる災難に見舞われた。

先述したように日の丸と、天皇来沖問題は、県民世論を二分して、革新勢力の強い反対運動を浴びた背景がある。大量一万本の日の丸抜き取りは、常識的には偶然とは考えにくい。

だが、仲井眞は「誰がやったかなど深くは追及しなかった」と、当時の状況を振り返っている。

話は前後するが、ここで大田県政の二大プロジェクト変更の背景と、仲井眞が県政を去って後の「ＹＫＫ人事」の顛末《てんまつ》を伝えたい。

「平和で豊かな環境を創り、次世代へ引き継ぐ」をテーマに行われた糸満市の全国植樹祭は、沖縄の日本復帰20周年を記念する式典でもあった。

そして、植樹祭の会場が、沖縄戦「終焉《しゅうえん》の地」摩文仁だった点でも注目された。

1945（昭和20）年の沖縄戦では、日米合わせて20万人以上の犠牲者を出し、学徒兵（鉄血勤皇隊）だった大田自身、多くの学友を失っている。

そうした体験が彼の「反戦平和」政策には色濃く貫かれた。戦争に対する憎しみの感情は相当に強く、琉球大学教授時代は、多数の著作で戦争の実態を述べている。

このためか、大田は植樹祭の会場にこだわった。知事に就いて直ぐ、西銘前県政が沖縄本島北部の明治山としていた決定を覆し、沖縄戦「終焉の地」である南部の摩文仁に政策変更した。

植樹祭会場だけではない。八重山・新石垣空港の建設計画地についても前県政の計画を「諒《りょう》」とせず、宮良《みやら》牧中《まきなか》など複数の代替案を提案してきている。二つの重大なプロジェクトの場所をひっくり返し、矢継ぎ早の政策変更である。

こうした事態を受け、副知事の仲井眞はその都度、農林水産省や、運輸省、環境庁（いずれも当時）など関係省庁をはじめ、国会議員を廻って頭を下げ、変更の説明と処理に追われている。

常々、仲井眞と苦労を分かち合ったというもう一人の副知事に尚《しょう》弘子がいた。琉大教授を歴任した彼女は、沖縄県初の女性副知事である。女性政策や福祉問題解決に力を発揮しており、大田知事が苦手としていた国庫予算要請でも県庁スタッフを率いて仲井眞とともに汗をかいた。

ところで、人事や経済、基地問題など政策の「齟齬」で、仲井眞が副知事を離れて後の県庁では、「ＹＫＫ人事」という言葉が密かに流行り出した（県庁ＯＢ）。

ＹＫＫはある時期、自民党総裁レースを争った実力者三人の頭文字をとった呼称で、山崎拓と加藤紘一、その後総理大臣になった小泉純一郎を指す。

沖縄県庁内部のＹＫＫはそれをもじって県庁人事に冠したのである。

県庁内ＹＫＫの由来は、人名や地名、政党名などの諸説ある中で総じて、評判は芳しくなかったようだ。

仲井眞の後任に就いた吉元政矩副知事は、筋金入りの労働組合活動家出身で、県庁内外において強力な指導力を発揮して、安保廃棄、基地全面撤去を打ち出す革新勢力のリーダーでもあった。

なかなか個性が強く、仲井眞が去ってからの県庁では豪腕ぶりを見せつけて人事全般をＹＫＫで固めたという。

しかし、今でも語り草になっているＹＫＫ人事には反発も多く、やがて、県庁職員の士気の低下を招き、県政の硬直化が目立ち始める。

県政の硬直化は、当然の帰結として経済政策や、教育、福祉など各面の政策遂行に停滞をもたらし、中でも経済環境のダメージは大きかった。

基地政策に偏重した大田、吉元のコンビは元々、経済畑は得意な分野ではない。

経済産業政策のエキスパートだった仲井眞が県庁を去り、直面する経済問題で有効な打開策を見いだすのは難しかったに違いない。

県内の経済事情は悪化の一途をたどり、月によっては完全失業率が９％を超えるなど「県政不況」を引き起こし、沖縄社会に一種の閉塞感が広がった。

県内景気は大幅に後退した。

語弊はあるかもしれないが、安保・基地反対勢力が担ぎ出した革新県政は概して、県民の生活や、中小の企業育成に直結する現実的な経済政策に難がある。

日頃の観念論、理想論、空理空論が先走るせいか、市場経済の実態論に弱い。

また、沖縄振興の成否を左右する国庫予算の要請や確保に無頓着、消極的な傾向がある。国庫予算に関する章で後述するが、保守陣営から離反して、革新勢力と手を組み、「辺野古反対」闘争を主導した翁長（雄志）県政は、経済、予算面を見る限り、その典型例と言っても過言ではないだろう。

結局、二期８年間、県政を託された大田は、ＹＫＫ人事の綻びや、経済政策などの失敗がひびいて三期目の知事選挙（１９９８年11月）で敗退、経済界出身の稲嶺恵一と県政交代した。

吉元政矩はと言えば——

基地の全面撤去を前提にした沖縄振興策の「国際都市形成構想」を提唱するなど基地政策で、革新勢力内部から一定の支持を得ていた吉元は、２００２年11月の知事選挙に出馬して、二期目を目指す保守陣営の稲嶺と争い、これも敗れている。

以降、革新勢力の退潮は続き、沖縄の振興策や経済政策に力を発揮する保守県政の流れが県民の支持を得た。

4　東日本大震災被災者支援

県庁挙げて被災地支援に乗り出す

――仲井眞県政における東日本大震災への対応はどのようなものでしたか。

仲井眞　あの日、２０１１（平成23）年3月11日は、新年度の予算を決める議会の開会中でした。本会議の質疑も終わり、予算委員会が開かれていました。私は知事室で執務中でした。

昼過ぎになって突然、知事公室長が駆け込んできました。

「知事、大変なことが起こりました」と。

公室長に言われテレビをつけると、画面では信じられないような光景が映し出されていました。東北地方で大地震、大津波が発生し、人や建物が次々と海に呑み込まれていく。

私は呆然と画面を見ていました。

「知事、ただちに県としての対応を協議します。部長会議を招集して下さい」

公室長の進言により会議が開催されたのは発生から1時間余りが経った午後4時過ぎです。各部局長は事態の重大さに緊張を隠せませんでした。議事は公室長が整理し、その助言も得て私は次々に指示を出しました。

まず、沖縄県にも余震や津波の被害が及ぶ可能性がある。直ちに国や市町村と連携し対策を取ること。

多くの被災者が発生していることが考えられる。家屋を失い、路頭に迷った人々を沖縄でどのくらい受け入れられるか検討すること。

給水車等、災害対応に必要な備品を現地に送れるか検討すること。

そして、支援物資を送る必要がある。県や市町村が保有している食料等の物資、寝具などを現地に送る体制を整えること。

以上の措置には予算が必要です。予備費の活用も含め、経費の手当を総務部長に命じました。これらは、私の指示と各部長の働きにより、翌日には方針としてまとめられ、実行されることになりました。

――被災者の受け入れについての具体的な内容を詳しく教えて下さい。

仲井眞　３月下旬には、県が中心となって東日本大震災支援協力会議を立ち上げました。私が会長となり、市町村、民間企業等２００近い団体が参加して、沖縄に避難してくる被災者の支援を行うことにしたのです。またそのために寄せられた寄付金について、その使途や会計上の位置づけも定めました。

具体的には、民間企業の協力により、災害現地で沖縄への避難希望者を募る。県が運賃を負担し、被災者を沖縄に招く。

住居は公営住宅に入居してもらう。住宅が足りない場合はアパート等を借り上げる。住宅が準備できるまでの間、県負担でホテルに滞在してもらう。家具や電話等を民間企業の協力を得て準備する。

地域住民が受け入れられるよう、自治会等で被災者受け入れの体制を整えてもらう。特に子どもたちについては、専門家によって心のケアや学校に溶け込めるような配慮を行う

——というものでした。

これらのアイデアは、県職員だけでなく民間企業の方々からも積極的に提案があり、実現したものです。

また若い職員から、被災者向けにスーパー等で割引が受けられるカードを発行してはどうかとの案が出され、民間の皆さんの協力で実現したこともありました。

私は、このような事態に際して沖縄県民の心の温かさ、強い使命感を知り、頼もしく思ったものです。

結局、沖縄には１３００人余りの被災者が避難に来られ、現地の状況が落ち着くに従って徐々に帰って行かれました。それでも未だに滞在されている方々がいると聞いています。

震災から２カ月後、私は職員を伴って、被災地を視察しました。県としての見舞金を岩手、宮城、福島の各県知事に直接届けることが目的でしたが、訪問はノーアポ（前もっての約束なし）と決めました。災害で混乱の極みにある県庁に訪問を予告することは、先方の負担になり、ご迷惑を掛けると考えたのです。

各知事とも、私の訪問を喜んで迎えてくれました。皆、ある種の覚悟を決めた様子で、沖縄県民への感謝と、復興への決意を示していました。

被災から日が浅く、津波に洗われた各地にはまだ被災の痕跡が生々しく立ちこめていました。現地の方によるエスコートも断り、公室長をはじめとする県職員とともに瓦礫《がれき》の山や、破壊された鉄道、５階建ての屋根の上に自家用車が乗っている様子などを見ました。

南三陸町の防災センターの前で、夕暮れ時、手を合わせたことも忘れられません。
沖縄県の知事としての責任を強く自覚させられた経験でしたね。

――東日本大震災は沖縄県にとって大きな教訓になったことと思います。その後、災害に対して何か特別の取り組みをされたのですか。

仲井眞　まず、危機管理体制の強化です。東日本大震災への対応は概ね迅速で適切だったと思います。その一方で沖縄は「台風銀座」と呼ばれており、地震だけでなく、思いも掛けぬ災害に見舞われる可能性があります。

防災体制を一段と強化することを決めました。琉球大学の先生の協力を得て、沖縄近海の活断層の状況を調べ、地域防災計画を練り直しました。

市町村と連携し、各地に海抜を示す標識を取り付けました。

防災訓練には必ず私が出席して、自衛隊や米軍との連携も強化しました。米軍の参加については、地元マスコミから異論もあったようですが、災害にあってはそのようなことは言っておられません。

台風が襲来した際は、幹部職員が県庁に泊まり込み、台風一過、ただちに私か副知事が被災地に出向くことを決め、台風ごとに毎年実行していました。

危機は台風だけではありません。各国との交流が進んだ現代では伝染病や、テロ等の被害が沖縄に及ぶことも考えられます。

知事公室長を中心とする危機管理連絡会議は、危機と判断される状況が生じた場合、部局の垣根を壊し、トップダウンで三役の指示が行われることにしていました。

私の在任中にも、口蹄疫《こうていえき》や鳥インフルエンザ、新型肺炎ＳＡＲＳなど県民の生命、安全に関わりかねない事態が発生しましたが、職員の努力もあり、乗り切れたと思っています。

危機管理とは、トップダウンで迅速に適切な判断をすることであり、日頃の備えが重要です。平穏な日々が続くとつい忘れがちなのですが、県庁の皆さんには是非このことを忘れないで欲しいですね。

●ポイント解説

迅速に対応すべし

２０１１（平成23）年に発生した東日本大震災は、我が国にとって未曾有《みぞう》の国難であった。また自然災害としての被害だけではなく、福島第一原子力発電所の被災による放射能拡散は、福島県を中心とする地域住民の生活基盤を奪い、現在も多くの帰還困難者が各地に存在している。

沖縄県にとって、震災の直接的な被害は生じなかったものの、国難とも言うべき災害への地方自治体としての関与、そして何より多くの被災者に対し、どのような人道的支援ができるかという試金石でもあった。

沖縄県では２０１９年10月、世界遺産に登録されている首里城（那覇市）の正殿など主要施設を焼失した。２０２０年に入ると、県内の養豚農場で豚熱（豚コレラ）が発生。それからまもなくして、新型肺炎コロナウイルスの感染者が出た。こうした時こそ、トップダウンによる迅速かつ適切な判断が県知事に求められる。

第三章　強くやさしい自立型社会

１　沖縄21世紀ビジョン

初めて県の自前で作った沖縄振興政策

――１９７２（昭和47）年に沖縄が日本に復帰して以来、沖縄では２０１１年まで４次、40年にわたる「振興計画」（第１次から第３次まで「沖縄振興開発計画」、第４次は「沖縄振興計画」）が行われ、生活基盤をはじめ交通基盤、産業基盤など、基本的なインフラ整備がなされ、各種基盤整備について顕著な進捗《ちょく》が見られました。また、産業振興でも観光、情報通信関連産業で一定の成果を挙げてきました。そうした中、仲井眞県政は12年、これまでとは違った第５次の「振興計画」とも言うべき「沖縄21世紀ビジョン基本計画」を作成・実施して、大きな実績を挙げて今日まで至っています。この沖縄21世紀ビジョンを作成した経緯はどのようなものですか。

仲井眞　復帰間もない沖縄にとって、第一次沖縄振興開発計画（１９７２～81年度）では「格差是正」「自立的発展の基礎条件の整備」を目標に振興を進めてきました。オイルショックなどの日本経済に対する影響で十分に成果が見られませんでしたが、大規模な公共事業と75年に開かれた海洋博で沖縄観光の知名度が上がり、観光産業の進展など経済規模が拡大してきました。第２次（１９８２～91年度）では85年のプラザ合意によって日本の国内製造業の空洞化現象が起こり、沖縄振興計画も影響を受けましたが、87年のリゾート法（総合保養地域整備法）制定により沖縄もリゾート開発が進み、観光関連の民間投資、観光収入の増加などにより、県

旭日大綬章の沖縄祝賀会（中央は仲井眞弘多）

経済は拡大を続けました。沖縄コンベンションセンターの整備や沖縄県立芸術大学（那覇市）の設置など、観光立県への重要な意味を持つ時期でした。観光客数は復帰当時は約44万人でしたが、91年には300万人を超えました。

第3次（1992～2001年度）では、90年代のバブル崩壊後、国内政治では55年体制が崩れ、県内では95年の米兵による少女暴行事件を契機として基地問題が高まるなど内外に変化の多い時期でしたが、産業政策の分野では、工業団地等の産業基盤整備の促進や加工組立産業、バイオ産業の展開の必要性が謳われたほか、観光業では「観光・リゾート地の形成及びレクリエーションの振興」など観光産業に発展しました。また、2000年には、実効性のある産業戦略を掲げた「沖縄経済振興21世紀プラン」が公表され、2002年度から始まる第4次の「沖縄振興計画」で初めて産業振興政策が振興計画の中に組み込まれ、「民間主導の自立型経済の構築」が基本方向に掲げられてきたのです。政府の沖縄振興策があって今日の沖縄があるといっても過言ではありません。

ただ、それまで4次にわたる振興計画は総じていえば、日本政府、霞が関の官僚が作ったものだったのです。地域の問題は地域が一番よく知っています。そういう流れの中で、4次にわたる「振興計画」を踏まえ、今度は県民が自分たちで20年先を見据えた「長期構想」を作ろうということで「沖縄21世紀ビジョン」を作成しました。

それまでの「振興計画」は、手続き上から見れば、最終的には政府によって決定される計画であり、国が責任をもって沖縄振興を図るというもので、それなりに意義があったものの、県が主体性をもって計画し、実施するというものではありませんでした。

これに対し、第5次「振興計画」は、沖縄が主体的に考え、計画立案し、実施していきたいというのが沖縄21世紀ビジョンと同基本計画を作った背景です。政府もこの基本計画を認めてくれました。初めて、県民アンケートなどを実施して、県民からの声を集め、県民の望む将来の沖縄像を描き出しました。霞が関の官僚に「この計画は県職員が作ったんですよ」と言ったら、「沖縄県の職員にこんな立派なものを作ることができるのか」と政府関係者からものすごく驚かれたと聞いています。新しいビジョンは県職員が作るべきものだということで、一切を自前で作りました。自分たちでやろうという「自立自尊」の精神、そういう流れの中で自分たちの計画を自分たちで作りました。これは当たり前の話なのだと思います。

こうした県政運営が県政の基本だったのです。

もう一つは、国の出先機関が沖縄にたくさんあり、県と国との二重行政をできるだけ避けることが必要だと考えました。特殊な行政機関を除いて一般行政の事務のようなものは地方でもできます。東京の役人も地方の県、市町村の役人にも大卒の人もいますし、能力的にはほとんど変わりません。あとは意識の問題です。当時は道州制の議論が高まり、地方分権に関する国民の関心が高かったように思います。

中央集権的な感覚で日本は成り立っていますから、地方分権や道州制など、地域を盛り上げて国力を上げようという考えは大切でしょう。従来の考えでは新しい日本を作っていく上で、イニシアチブをあまり取れないと思ったんです。政府には、これまでと違った視点で地域振興に取り組んでもらいたいと考えたのです。

離島振興と人口増加計画を盛り込む

ビジョンでは、離島振興並びに人口増加計画を作りました。人口増加計画とは、産業の少ない離島における生活基盤の向上、土地、交通インフラの整備です。21世紀ビジョンを達成する計画全体の中で、単なる振興計画にとどまらず、沖縄のインフラ整備から人口増加、一人当たりの所得向上、失業率低減、健康長寿世界一への復活、そして新しい産業振興などを目指しています。

離島振興は知事になる前から色々と考えていました。防衛問題の関係も大きかったですね。財源があればいろいろなことができる。そこで、一括交付金の活用を考えました。東京のお役人は離島の細かいことは分かっていないと思っていました。東京の役所の弊害が表れていると感じたのは、国境の島嶼《とうしょ》地域政策です。沖縄のような国境の島、政治力が弱いところは動きがとれません。溝を掘る程度のことでも、予算がないと言ってきます。税関職員の定員を拡大したくても、例えば石垣市には職員を割けないとか、職員が空港と港湾を掛け持ちしたりしてやったらいいと言われ、苦労したものです。離島振興では、離島の間の格差をなくし、生活条件を平等にしていこうというのが狙いの一つでしたね。

また、離島周辺には海中・海底の資源が豊富で、こうした資源を最大限活用できる可能性を期待していました。

――どのような米軍基地の将来像を描いていましたか。

仲井眞　基地問題についてもしっかり提示しました。沖縄には「広大な米軍基地が存在している。基地の存在は、沖縄振興を進める上で大きな障害となっており、基地から派生する軍人・軍属による事件・事故をはじめ、日常的な航空機騒音等は県民生活に大きな被害を与えている」として克服すべき課題の一つに挙げました。基地問題は、日本の安全保障や外交問題ではありますが、全国に比べて過重な基地負担が沖縄にあります。不均衡状態です。このため、政府に対して「沖縄の過重な基地負担をなくすための不断の取り組みが必要である」としょっちゅう進言しました。基地のない平和で豊かな沖縄を理想としながらも「引き続き基地の整理・縮小を進める」として、基地の全面撤去を主張するのではなく、あくまで整理・縮小という現実的な対応をするべきだとしました。

今後、予想される大規模な基地返還跡地については「沖縄の新たな発展のための空間であり、中南部都市圏の都市構造の歪みを是正し、都市構造の再編にも繋がる大きなインパクト」であるとして、沖縄の振興発展につなげる重要な課題と位置づけたのです。

将来の沖縄を展望する21世紀ビジョンの基本計画作成、一括交付金の確保、計画実施において、職員はしっかり働いてくれました。

――翁長、玉城両県政は仲井眞さんのビジョンを継承していると思いますか。

仲井眞　21世紀ビジョン基本計画を始めて約8年になりますが、私の後の県政の動向をみると、「新基地建設反対」を声高《こわだか》に叫んで政府批判を繰り返すだけで、何ら目新しい実績がないような気がします。一括交付金が年ごとに減額したため、県をはじめ市町村の政策運営の自由度を自ら棄損せざるを得ないのが実情でしょう。第5次の振興計画もあと2年で終わろうとしています。第6次振興計画がどのようなものになるのか、今のところ定かでありません。21世紀ビジョン計画を実施する中で、様々な指標で全国における沖縄の地位が改善するようになりましたが、このままいけば、国との対決姿勢を強めるだけです。国との健全な協力なくして「自立自尊」の沖縄の将来はないと危惧《きぐ》せざるを得ません。

●ポイント解説

県民の意見や思いを集約

「21世紀ビジョン」は、「県民の参画と協働のもとに、将来（概ね２０３０年）のあるべき沖縄の姿を描き、その実現に向けた取り組みの方向性と、県民や行政の役割などを明らかにする基本構想です。沖縄県として初めて策定した長期構想で、沖縄の将来像の実現を図る県民と一体となった取り組みや、これからの県政運営の基本的な指針となるものです」。

　仲井眞県政が２０１０（平成22）年に打ち出した「沖縄21世紀ビジョン」の冒頭にはこう書かれている。仲井眞が県政運営の基礎とした「自立自尊」の思いから発せられた構想で、１９７２年の本土復帰後始まった4次、40年にわたる「振興計画」とは全く違った、県民が自らの未来のあり方を初めて描いた長期構想だ。全国の自治体では「総合計画」の前提として県民の将来像となる「構想」が作られているが、沖縄では初めての試みだった。

　策定にあたっては、県民主導の新たな計画を作るという方針のもと、有識者による検討の場を用意するとともに、２００８年11月から約1年をかけて県民アンケートを実施（回収２７５１通）したほか、高校生作文コンクール（５０９作品）等を通じて広く県民の意見や思いを集約する作業が行われた。そうして生まれたのが、「21世紀に求められる人権尊重と共生の精神を基に、時代を切り開き、世界と交流し、ともに支え合う平和で豊かな『美ら島』おきなわを創造する」という基本理念だった。

　県民から寄せられた意見を集約した「目指すべき沖縄の将来像」のビジョンは、「沖縄らしい自然と歴史、伝統、文化を大切にする島」「心豊かで、安全・安心に暮らせる島」「希望と活力にあふれる豊かな島」「世界に開かれた交流と共生の島」「多様な能力を発揮し、未来を拓く島」の「五つの将来像」に分類された。それぞれの将来像実現に向けた「課題」と「戦略」を提示している。それとともに、沖縄が抱える地理的、自然的、歴史的、社会的諸条件から生起する課題として、「大規模な基地返還とそれに伴う県土の再編」「離島の新たな展開」「海洋島しょ圏　沖縄を結ぶ交通ネットワークの構築」「地域主権と道州制のあり方」が「四つの固有課題」としてまとめられ、それらに対する対応策も示している。

40年にわたり国が策定してきた「振興計画」の時代から、沖縄県が自らの手で作成する「沖縄21世紀ビジョン基本計画」の時代へと大きく転換した。「沖縄21世紀ビジョン」を打ち出した仲井眞県政は、沖縄県政史上、沖縄の将来を見据えた画期的な県政と言えよう。「沖縄21世紀ビジョン」は、想定年２０３０年に向けた「目指すべき姿」の「ビジョン」と「実現に向けた考え方」としての「基本計画」（10年計画）、そして「実現に向けた取り組み」の「実施計画」（5年計画）からなる。現行の「基本計画」は２０１２年5月に策定、２０１７年に改定されたもので、「沖縄振興特別措置法」第４条第１項の規定に基づく「沖縄振興計画」としての性格を有する。本計画では、「五つの将来像」ごとに体系化して36の基本施策及び１２１の施策展開を示すとともに、沖縄固有の課題の解決策も示している。同時に多彩な地域性が調和する県土づくりを目的に、県を5圏域に分類し、圏域ごとに取り組む施策を示している。さらには、２０２１年の人口及び社会経済の姿を定量的に示す「社会経済展望値」を設定している。

基本計画を実施する「実施計画」（5年計画）は、前期（２０１２年9月策定）と後期（２０１７年10月策定）では、施策展開の具体的な取り組みを示すとともに、「成果指標」を用いた施策効果の検証や取り組み進捗《しんちょく》状況を確認するＰＤＣＡ（企画・実施・評価・改善）サイクルを確立し、着実な推進を図っている。

「沖縄21世紀ビジョン」は「自走する振興計画」

仲井眞県政下で策定された「沖縄21世紀ビジョン」は、基本計画、課題、戦略、実施計画が作成されており、各種プロジェクトの実施時期が示され、それを実現する予算が計上された。市町村はそれにより、地域に即した施策を展開している。仲井眞県政を引き継いだ翁長雄志県政、玉城デニー県政で、多少の修正はあったものの、基本路線に大きな変化はない。「沖縄21世紀ビジョン基本計画」は仲井眞県政と市町村、県民が衆知を集めて準備したもの。「自走する振興計画」とも言えるもので、翁長県政以降の沖縄振興はその枠組みの上に座っていただけと評することもできる。逆に、ＭＩＣＥの取り組み失敗など、実施計画で位置づけたプロジェクトの遅れが目に付く。

県民に誇りと豊かさを実感できる政治の実践という観点から見れば、「沖縄21世紀ビジョン」計画策定の実施を見ても、仲井眞県政こそがそれを実践したと言っても過言ではない。

一方、自主自立的な仲井眞県政運営の基盤に胡坐《あぐら》をかき、いたずらに政府批判のみを繰り広げ、一括交付金の減額をはじめ政策運営の自由度を自ら棄損し続けている翁長県政以降の政治姿勢は、自らが主張する「自主決定権」的環境を結果的に棄損し、県民の理想像を崩壊させていく可能性がある。

2　国庫予算3千億円台確保

V字回復を成し遂げた振興予算

――沖縄振興予算総枠の話なので当然、前述した一括交付金の創設や、予算獲得の経緯などと密接に関連してきます。2300億円で底をついた振興予算が2012年度から驚異のV字回復を見せ、仲井眞県政の後半には3千億円台を突破しています。これだけの回復ぶりはまさに県政史上に残る快挙でした。

仲井眞　まず、当時の国の財政事情の背景や財政システムについて少し説明させて下さい。

確かに沖縄の振興関係予算は2010年、11年度に落ち込んで2300億円台で低迷していました。県の財政が最も苦しかった時期です。ちょうど「沖縄21世紀ビジョン基本計画」の策定作業に全庁挙げて取り組んでいる最中ですよ。ところが、お金（予算）がないため、県職員の給与をカットせざるを得ないところに追い込まれていました。実際にカットがあり、県の財政はそれほど危機的な状況を迎えていたのです。今考えても本当に瀬戸際に立たされていたと思います。

そこで説明しますと、とても大事なことですが、従来の沖縄振興予算の大部分は公共事業費で占められていました。政府（国）の財政事情で公共事業費を削減すれば沖縄の振興予算も総枠が減少し、公共事業費が増えれば振興予算も増額になります。つまり、沖縄県の振興予算の増減は、全て国の公共事業費の行方次第で決まりました。

バブル崩壊後、特に経済対策を重視した国は、赤字国債を増発するなどして公共事業に予算をどんどん注ぎ込んだ時期がありました。公共事業費が15兆円に跳ね上がった頃です。

そうすると、当時の革新・大田県政時代の沖縄振興予算も国の公共事業費に連動してぐんと膨れ上がり、ピークに達しました。

その後、構造改革の小泉政権が登場して公共事業費を減らし始め、8兆円の時代がきました。その時の稲嶺県政は当然の結果として沖縄振興予算が減少をきたすわけです。沖縄振興予算の増減は何も保守県政だからとか、革新県政がどうのではありません。国の財政システムのなせる業《わざ》と言うべきでしょう。公共事業費の多寡《たか》に連動して増減が左右される性格を持っていたのです。

稲嶺県政を引き継いだ私の知事在任中はちょうど、公共事業費が下降線をたどり、底にぶつかった時期に差し掛かっていたということですね。

　結局、公共事業に頼りすぎた国の財政政策は行き詰まって政局も安定しません。私の知事在任中、日本の総理大臣は7人も代わりました。それから後、県財政の厳しい時代に地方主権改革を掲げた民主政権が誕生してきたのです。

「沖縄21世紀ビジョン基本計画」を策定している県政としては、計画を実施できる予算の裏付けがないと所詮《しょせん》は「絵に描いた餅」にしかなりません。実施作業の担い手になる県庁職員の給与がカットされたままでは、計画はろくに前に進めません。現状のまま推移すると沖縄振興予算は、２０００億円を割る「危険水域」が予測されていました。

　予算を統括する総務部をはじめ、全部局長を非常招集しました。そこで、「中央省庁に掛け合って何が何でも３０００億円をとってこい」と大号令をかけました。

　一括交付金の項でも触れましたが、３０００億円獲得にあらゆる手立てを駆使しました。最終的には緊急時に投入するための「予備費」にまで手をつけてもらい、その結果、２９３７億円の２０１２年度予算（当初）が獲得できたのです。もちろん、沖縄地域限定のソフト交付金８００億円が創設されたことで底上げが図れたのが幸いしました。

政府と信頼関係築いた県政

――安倍政権の時代になって3000億円台の沖縄振興予算が実現しました。それだけでも財政史上の常識を破る出来事ですが、さらに「沖縄21世紀ビジョン基本計画」終了年度（2021年度）までの3000億円台確保を約束してもらいました。仲井眞県政の粘りと努力の功績でしょう。政府と強い信頼関係がありましたね。

仲井眞　時系列的に話しますと、民主政権で3000億円近い予算が措置された後に自民党が国政第一党に返り咲いて政権に復帰しました。第二次安倍内閣が発足（2012年12月26日）した13年度予算では、前政権を上回る3000億円台の沖縄振興予算が計上されました。ソフト交付金（沖縄振興推進交付金）と、ハード交付金（沖縄振興公共投資交付金）の費目は前政権を踏襲してそのまま存置してもらい、振興予算全体を押し上げました。

12年5月15日に策定していた「沖縄21世紀ビジョン基本計画」は、お陰で財政的な裏付けと余裕をもち、安心してスタートすることができました。既述しましたが、大小併せて毎年1200～1400件という大量の事業が自由裁量で実施されています。

私の県政時代、安倍政権は本当に信頼できましたね。沖縄担当大臣を擁する内閣府をはじめ、菅官房長官のお力添えもあって、14年度の沖縄振興予算は要求を上回って３４６０億円を計上しています。その際、沖縄問題全般を話し合う13年12月の沖縄政策協議会では、沖縄の振興予算引き上げと併せて、四項目の基地負担軽減策などを要求しましたが、ほとんどが基本的に認められています。沖縄問題解決に誠意をもって取り組む政府全体の姿勢を感じ取りましたね。２３００億円台から出発した沖縄振興予算がついに３０００億円を超え、３４６０億円まで伸びたのです。驚き以外の何物でもありませんでした。その年度の沖縄県の予算は、県政史上初めて７０００億円の大台に乗ったのを覚えていますよ。

沖縄政策協議会を経た後の２０１３年12月25日は、もっと驚くべき吉報が待っていましたね。その日のことは鮮明に記憶していますよ。私は体調を崩して東京の病院に入院していましたが、菅官房長官から電話連絡が入り、車椅子で総理官邸に出かけ、安倍総理と直《じか》に会談しました。

周りにはマスコミ関係者も大勢取材に詰めかけ、オープンな雰囲気でしたね。そうした中で、沖縄側の要求・要請に対して、安倍総理が正式に政府としての対応を発表しました。沖縄振興予算については、前述した通り、要求を上回る金額を計上してもらい、続けて全く想定もしていなかった対応が発表されました。安倍政権は「沖縄21世紀ビジョン基本計画」が終了する21年度までは、３０００億円台の沖縄振興予算を確保すると約束したのです。沖縄振興のために「日本政府としてできることは全て行う」との基本姿勢が示されました。

8年先の21年度まで予算の面倒を見てもらえるというのは永田町や霞が関でも聞いたことがありません。これには心底驚き、感謝しかありませんでしたね。ビッグなクリスマスプレゼントになりました。

周知の通り、日本の財政システムは、一年度毎に予算を決める単年度主義が基本原則です。それを政権トップが8年先まで保証すると約束したのですから、ただ、驚きです。

予算の慣例を破ってまで沖縄側の要求に応える安倍政権の誠実さですよ。「さすが」と信頼感をさらに深めました。安倍政権の実力を感じた瞬間でもありました。

それは感謝しましたよ。だから会談後に記者団から訊かれ、「これはいい正月になるという実感があります」と率直に、単純明快に心境を語りました。

これに対して、地元マスコミや、共産党など当時の県議会野党諸党派は、この言葉を意図的に「辺野古問題」のみに結びつけ、悪意ある報道と宣伝を流しています。翌年の２０

１４年11月の県知事選挙に利用するためだったとしか思えません。こうしたマスコミの報道姿勢には、未だに納得できませんね（詳細は後述）。

沖縄振興予算に関しては革新勢力の推した翁長県政以降、一括交付金などの減額が目立ち、全体的に減少傾向です。沖縄振興にかける県政の熱意が欠けていると批判されても仕方ないでしょう。

●ポイント解説

不可能を可能にした執念と馬力

地域自主戦略交付金として２０１１年度からスタートした一括交付金は、12年度から全国一律で廃止されることになった。一括交付金は、日本の財政制度を根底から覆し、ある意味、政府（財務省）の予算決定権を奪う程の制度である。このため、財務省の抵抗は極めて強く、12年度の概算要求段階で予算項目から削除される事態になった。

政府のこのような取り扱いに途中で気がついた仲井眞県政は、一括交付金の復活を目指して懸命の巻き返しに出た。一括交付金制度そのものを項目から削除したい財務省と、一括交付金がないと沖縄振興予算が骨抜きになる沖縄県——内閣府を巻き込んだ沖縄県と財務省の攻防は、関係者によると、概算要求の9月頃から年末まで続いた。

危機意識をもって何度も上京を繰り返した仲井眞弘多は、官房長官や党の幹部らと直談判を続け、政治決着による解決に望みを託した。その結果、概算要求の項目に一括交付金が再び書き加えられ、首の皮一枚で沖縄限定交付金として生き残ることになったという。復活したソフト交付金は、沖縄振興予算を支える屋台骨となり、内閣府自らが執行する自由度の高い画期的な補助金になった。

当時の状況について、元県幹部は、「県の担当者も内閣府や財務当局と何度も交渉を繰り返したが、局面の打開はなかなか容易ではなかった。これは知事の人脈と行動力を頼って、政治決着を図るしかないと覚悟を決めた」と語っている。

中央省庁と押し問答を繰り広げる県庁スタッフにとって、いざとなれば仲井眞の行動力ほど頼りになるものはなかった。これまでの経験からして交渉の場で仲井眞が見せる馬力や執念は「ただ者」ではなかった。交渉内容には理論的な整合性を含んでいたため、相手が根負けして最終的には折り合いをつける局面が再三ならずあった。

仲井眞県政二期目に副知事や県庁幹部として務めたメンバーが著した『沖縄問題――リアリズムの視点から』（高良倉吉編著／中公新書）では、
「一括交付金を獲得するという沖縄側の思いは、当時の仲井眞弘多知事が東奔西走し、粘り強い交渉や説得の末に実現したものである。この事実は銘記されるべきだ」
と述べ、仲井眞の行動力に賛辞を送る。

仲井眞は、経済界のみならず、省庁や政党にも知己が多く、幅広い人脈を有していた。これは彼の強みである。普段から彼の言動を注意深く見守っていると分かるが、仲井眞の人脈と行動力は、決して一朝一夕《いっちょういっせき》に出来上がったものではない。時間をかけた細心の気配りが背景にある。

元県幹部によると、仲井眞は上京するたびに東京・永田町の自民党本部には必ず立ち寄った。野党に退いた当時の自民党は訪問客が少なく、閑散とした雰囲気に包まれていた。総裁は谷垣禎一氏である。仲井眞は毎度、党本部に谷垣氏を訪ね、沖縄の現状を丁寧に報告して助力を仰いだ。谷垣氏の周りには後に大臣や党の要職に就いた国会議員が同席していた。

通産省時代から永田町の事情を知る仲井眞は、「沖縄の振興策は元々自民党の力が大きい」と、同党の実力を評価しており、沖縄に対する自民党の「恩義」を忘れることはなかった。仲井眞の行動は共感を呼び、一括交付金で苦境に立つ沖縄を自民党は野党ながら積極的に応援した。そして、政権に復帰した際も沖縄振興関係予算で最大限の対応を見せている。前述した通り、安倍政権が沖縄振興予算を３０００億円台に乗せ、２０２１年度までの３０００億円台の確保を約束するに及んだ。こうした経緯を知るだけでも自民政権と仲井眞県政との信頼関係は十分に立証できたであろう。

予算や経済に弱い革新県政

ところで、仲井眞の行動力と馬力に対して、次に出てきた革新勢力側の翁長雄志県政は、予算交渉能力において「数段見劣りした」というのが大方の見解である。

県庁ＯＢによると、翁長県政には予算を獲得する熱意も意思もあまり感じられなかった。どちらかと言えば、成り行きまかせに近い態度を示しており、沖縄の知事としては決してほめられるものではなかったという。

「辺野古問題」だけに関心があったせいか、翁長は、概算要求段階から予算の動向にはさほどの興味を見せず、知事の出番が迫られる予算折衝時期になっても滅多に上京しなかったようだ。各省庁との予算折衝に身を入れないこうした姿勢に対して当時、身内の県庁内部だけではなく、県内経済界も失望の声を上げている。

経済界が見るところ、翁長県政時代は、沖縄発展に必要な新規事業など何ひとつ芽出しすることなく、前県政が確保した３０００億円台の沖縄振興予算に甘えていた印象が強い。各種事業についても仲井眞県政が創った後を引き継いだに過ぎない。

政治や行政の中枢である永田町、霞が関を踏んだ経験をもつ関係筋によれば、財務省を含む各省庁は、予算折衝で見せる地方自治体の動きにはことのほか敏感である。財務省などは「できるだけ相手の要求を抑え込み、スキがあれば即座に予算を削ってくる」のを仕事としている。このため、自治体の必要性や緊急度の度合いを本能的に見分けてしまうらしい。要求予算の理論的整合性を求める一方で、交渉相手の本心を見抜くプロなのだ。

２０１４年の県知事選挙以降、翁長県政と共同歩調をとる沖縄のマスコミ（主に沖縄タイムスと琉球新報の２紙）は、「辺野古に反対したので予算が削られた」と断じ、自らがあえて「辺野古問題」にリンクさせた予算報道を得意としている。だが、記事は的外れだ。財源確保と財政規律を最優先する「予算のプロ」は、基地問題とは全くかけ離れた次元で、沖縄振興予算の査定を厳しく実行したのが実態に近い。要は翁長県政の努力と熱意が足りなかったため、予算は削られた。

翁長県政の中途半端な予算対応は結局、財務省や内閣府の認めるところとならず、就任後の２０１６年度からソフト交付金が減り、振興予算総体が削られていく。仲井眞県政当時に８００億円を維持していた交付金の規模は、翁長県政後半には６００億円台まで落ち込んだ。沖縄振興予算総枠の減少傾向がこの時点から始まったのは必然とも言えた。

ここで、月刊誌『文藝春秋』（２０１８年4月号）から翁長県政に対する仲井眞弘多の見解を紹介しておきたい。

『翁長知事はハーメルンの笛吹き男だ――辺野古はもはや争点ではない』と題した記事は、「翁長さんが知事になって沖縄振興予算は５００億円も減っています。知事たる者、予算を減らされて恬として恥じないのは資質を問われるべきことです。目玉政策だったはずの国際会議場などからなる大型施設（ＭＩＣＥ）の整備も目途が立たず、独自の経済政策も十分に打ち出せていません」と厳しく指摘している。

翁長県政になってめぼしい新規事業が見当たらないのは本書でも前述した。翁長の後を継いだ玉城県政は、２０２０年1月末、20年度一括交付金（ソフト）の市町村配分を発表した。ソフト交付金の総額は、前年度から39億円減少して522億円である。一括交付金の落ち込みは、県内市町村にとって大きな痛手になる。20年度の沖縄振興予算は3年連続同額の3010億円で停滞している。

3　OIST（沖縄科学技術大学院大学）

国際化時代の対応で大きな成果

――沖縄科学技術大学院大学（OIST）の設立、開学に向けて大きな役割を果たし、知事就任中に実現させました。また、県政運営の柱の一つとして、同大学院大学を核とした国際学術研究、国際交流拠点の形成など、人的な交流のほか、国際的なイベント、エンターテイメントの開催、国際的観光・リゾート地の形成などに全力を挙げて取り組み、大きな実績を挙げました。OISTの開学や沖縄の国際交流の原点などについての取り組み、その基本的な考え、対応などについて聞かせて下さい。

「万国津梁《しんりょう》」の気概で促進県民会議を組織

仲井眞　私は、県政運営の中で、国際交流の展開や沖縄科学技術大学院大学の開学に向けての基本的な考えとして、沖縄の先人たちが取り組んできた「万国津梁《しんりょう》」の気概と心意気で対応してきました。

沖縄県は、日本からすると、南の外れの一県に過ぎないのですが、世界地図を広げてみると分かるように、東南アジアと太平洋地域へ広がる拠点、中心地になります。かつて、沖縄の先人たちは、東南アジアをはじめ中国大陸、朝鮮半島に赴き、交易や交流を続け「万国津梁」の拠点を形成してきました。また、戦前・戦後を通して沖縄県は、わが国の中でも移民県として

OIST関係者と仲井眞元知事（2011年）

ハワイやアメリカ本国、南米、東南アジアへ「雄飛」し、今やその子弟たちを含めて、その国々で「世界のウチナーンチュ」を形成して大きな活躍をしています。そして最近では、若者たちを中心に勉学、文化・スポーツ等の交流のため海外に積極的に出向き、国際的な交流を続けています。

私は、知事就任と同時に国際的な交流をさらに活発にすることで、若者たちに希望と夢を与え、これからの沖縄県を背負って立つ人材育成、新しい沖縄県づくりを目指して県政でも、「毎年18人の学術及び語学留学生を派遣し、国際化時代を担う人材育成」「芸術やスポーツなど全国・世界大会への派遣助成システムの構築」などを掲げ、全力を挙げて対応してきました。今こそ、「万国津梁」の旗を高く掲げ、産業経済、学術文化、スポーツなど多角的な交流や国際貢献・協力活動を展開し、「沖縄ここにあり」と世界に向けて高らかに宣言すべきだと考えております。

ＯＩＳＴの開学については、知事就任1年目から全力を挙げて取り組んできました。同大学は、稲嶺県政時に「構想」として打ち出され、後に計画が具体化した案件でしたが、当時、私は経済界の代表、さらには、稲嶺知事の後援会長として県内経済界を中心に全県を網羅した「沖縄科学技術大学院大学設置促進県民会議」を組織して、県民運動を盛り上げると同時に、国に対しても要請活動を展開してきました。知事就任後は、「県民会議」の決起大会や国への要請活動、同大学要人・関係者との意見交換などを行い、やっと開学にこぎつけることができたのです。

私が、選挙や県政運営で常に考えてきたのは、「沖縄科学技術大学院大学を核とした国際学術研究・交流拠点の形成」です。これまでに、国際的な「太平洋・島サミット」沖縄大会の開催や「G8科学技術大臣会合」「沖縄国際映画祭」「国際アジア音楽祭」「世界のウチナーンチュ大会」「国際的コンベンションアイランドの形成」、若者たちの海外派遣など、国際交流関係のほとんどは実現しました。残念なのは「大型MICE」(国際会議・学会・展示会などのための施設の総称)が実現寸前で県政が変わり、日の目を見ることができなかったことです。いずれ実現するものとして期待しているところです。

●ポイント解説

科学技術の振興、学術研究・国際交流の拠点を形成

ＯＩＳＴの設立は、２００１（平成13）年、当時沖縄担当大臣（科学技術政策担当兼務）だった尾身《おみ》幸次氏が、沖縄県に国際的な科学技術大学院大学を設置する構想を提唱したことに始まる。当時、県内の教育界や政界、産業界では、同構想に関心を示す半面、まさかノーベル賞受賞者を網羅したベスト・イン・ザ・ワールドの世界最高水準の大学が本当にできるのか、実現するのは「夢の夢でしかないのでは」といったような、懐疑的な風潮があった。

しかし、仲井眞は違っていた。尾身大臣が構想を打ち出した当時は稲嶺県政下で、稲嶺も県政を挙げて対応していたが、仲井眞は稲嶺知事の後援会長のほか沖縄電力の社長、会長、那覇商工会議所会頭、経済団体会議の議長など経済界の立場から大学院大学の実現に向けて、さっそく県内の経済界やそのほかの団体を網羅した「沖縄科学技術大学院大学設置促進県民会議」を立ち上げ、県民運動を盛り上げ、国、関係機関などへの働きかけを強

力に行い、稲嶺県政をバックアップしたのだ。同時に国が設置した「大学院大学構想検討会」のメンバーとして参加し、沖縄県民の生の声を訴え、開学実現のために大きな力を発揮した。

　結局、同大学は、その後の構想検討会や国際顧問会議などで論議が行われ、２００２年５月、沖縄県の本土復帰30周年記念式典に出席した当時の小泉純一郎総理大臣が同大学設置構想の推進を表明。続いて同年７月に策定された国の沖縄振興開発計画（02年度〜11年度）の中でも「新たな発想を持った世界最高水準の自然科学系の大学院大学を機に他大学、公的研究機関及び民間企業、研究所の集積と一体となった知的クラスターの形成に取り組む」ことが明記され、同構想が沖縄振興策施策の柱の一つとして位置づけられ、開学に向け大きく前進したのである。

　ＯＩＳＴは、２０１１年10月に文科大臣の認可を得て、学校法人・沖縄科学技術大学院大学学園として成立、恩納村谷茶《たんちゃ》にキャンパスを建設し、２０１２年９月、最初の学生34人（うち日本人５人）を受け入れて開学した。この間、仲井眞は、知事就任後、自ら「沖縄科学技術大学院大学設置促進県民会議」の議長に就任し、促進大会や要請活動に先頭に立って参加したほか、キャンパスの起工式や大学要人との面談・意見交換など積極的に対応した。

同大学院大学は、基本理念・設立目的として「国際的に卓越した科学技術に関する教育及び研究を実施することにより、沖縄の自立的発展と世界の科学技術の向上に寄与する」とし、基本コンセプトとしては次の５つの柱が掲げられた。

①世界最高水準（ベスト・イン・ザ・ワールド）＝世界トップクラスの英知を結集し、世界最高水準の科学技術に関する研究及び教育を行う。

②柔軟性＝政府の規制に沿った柔軟な組織運営を行うほか、政府の資金提供のもと、自主性と運営の柔軟性を保持する。

③国際性＝教員と学生の半数以上を外国人とし、公用語は英語とする。

④世界的連携＝世界、とりわけアジア・太平洋地域における科学者のネットワークの中心地として発展しながら世界のトップクラスの大学や研究機関と連携して研究協力・共同研究を行う。

⑤産学連携＝企業との共同研究や研究成果の産業化に取り組むことにより、企業の集積を促進し、知的産業のクラスターを形成する。

教授陣には、ノーベル賞受賞者を揃え、5年一貫性の博士課程を置き、学内の「公用語」は英語。２０１９年9月の時点で、74人の教員に対して学生は２０５人で7割以上が外国人。同学園の理事には、当時の元沖縄県副知事・尚《しょう》弘子氏に代わって琉大名誉教授の安仁屋《あにや》洋子博士が名を連ねている。大学の設置については、民主党政権時代に、国の財政見直しや事業仕分けの憂き目にあい、法案が頓挫しそうになったが、仲井眞は設置に向けて粘り強く要請活動を展開、無事開学にこぎつけた経緯もある。

仲井眞が大学院大学の設立や国際交流の拠点作りに全力を挙げて推進した背景には、「万国津梁」という沖縄の先人たちが取り組んできた新進気鋭で壮大な心意気で国際感覚を先取りし、沖縄を「世界に開かれた交流と共生の島」に作り上げることや沖縄県の若者たちが世界最高水準の科学技術や教育、交流を通して世界的に活躍する人材育成、新しい沖縄県作りを推進することを狙っていることが挙げられる。仲井眞個人としても、少年時代から科学技術、モノ作りに興味を持ち、何にでも挑戦した「科学少年」だったことや、東京大学工学部機械工学科を卒業し、旧通産省の官僚時代も技術系産業の発展に取り組んだこと、海外留学、海外勤務の経験があることなどから、沖縄県に世界最高水準の科学技術大学院大学が開学することで「大学院大学を核にした県内の科学技術の発展、産業の振興」へつなげるとの期待感と意気込みがあることが伺い知れる。

仲井眞は、２００６年11月の知事選一期目の出馬にあたって、その公約に「沖縄科学技術大学院大学の早期開設と、同大学を核とした国際学術研究・交流拠点の形成」を掲げるとともに、アジアにおける国際教育のハブとなることを目指し、国内及びアジア諸国の子弟に対して質の高い、国際教育の場を提供する小中一貫教育「おきなわインターナショナルスクール」（アミークス）の設置に努めるとし、実現させた。さらに２０１０年の二期目は、国際交流拠点として、大学院大学を中核とした科学技術の振興や世界のウチナーンチュ大会、太平洋・島サミット沖縄大会を掲げ、成功させた。

国際交流や国際的な技術・研究の育成に関しては、２０１２年に策定された「沖縄21世紀ビジョン基本計画」でも「世界に開かれた交流と共生の島を目指す」との項目の中で、「世界との交流ネットワークの形成」や「国際協力・貢献活動の推進」「国際性と多様な能力を涵養《かんよう》する教育システムの構築」などを掲げ、「本県が有する強みを活かし、経済、学術、文化など多角的な交流や技術協力等の国際貢献活動といった交流を促進するとともに、科学技術振興、新産業創出、国際貢献等を視野に国際共同研究を促進する」ことなどが示されている。

世界最高水準の科学技術に関する研究及び教育を行うことなど、鳴り物入りで開学したＯＩＳＴは、２０１８年に世界の研究機関における質の高い論文の割合ランキングで、国内1位、世界10位と大きな成果を上げたと、イギリスの科学技術雑誌「ネイチャー」が発表した。開学からわずか数年の間に、文字通り世界最高水準の大学院大学に成長しつつあり、今後の知的産業クラスターの形成に向けた大きな原動力として期待されている。

4　伊良部大橋と離島振興

ユニバーサルサービスの実現目指す

――知事就任とともに各島を訪問するなど、沖縄県の離島振興に全力を投入しました。知事就任8年間の県政運営でも常に離島・過疎地域の振興・発展を重点政策の一つに掲げ、具体的な取り組みを展開してきました。離島・過疎地域への思いを聞かせて下さい。

仲井眞　離島振興に対する基本は、離島住民が沖縄本島と同じような公共サービスが受けられる「ユニバーサルサービスの実現」です。それを実現するためには「離島定住条件の整備」をきちんと図り、産業を振興して人口の増加及び雇用を拡大することです。さらに、離島・過疎地域の安定した医療体制を確立して離島の皆さんが安心して生活できることを念頭に置いて取り組んできました。

　これまで離島振興については、新沖縄県離島振興計画や数次にわたる沖縄振興開発計画・沖縄振興計画などのほか、「沖縄21世紀ビジョン」でも離島振興問題は、重点事項として取り組み、具体的に実施してきました。

　その結果、農林水産業などの生産基盤、空港・港湾、道路などの交通基盤の整備、水道、電気などの住民生活基盤、医療・福祉、教育などの整備を中心に各方面にわたり相当の成果を挙げ、住民生活の向上を図るとともに、産業面では、特に観光関連の分野で進展が見られるなど、離島地域の社会経済は着実に発展してきました。

　しかし、離島地域においては、住民生活や産業振興の面で依然として沖縄本島地域との格差が存在しており、多くの離島市町村で人口減少が続いています。また、教育、医療・福祉面の基礎的な生活条件の整備や産業振興の遅れなど様々な分野で課題が残されており、その解決を図る施策を推進することが求められています。

一方、国境に面した沖縄の離島地域は、我が国の領空、領海、排他的経済水域（EEZ）の保全など国家的利益保全や利益の確保に重要な役割を果たしています。また、広大な海域に存在する様々な海洋資源は今後の我が国の経済発展に寄与する可能性があります。さらに、離島地域は、島々で異なる個性豊かな自然環境、文化、歴史的遺産などの魅力を有しています。離島振興策については、特に、離島市町村の首長さんを始め、宮古島市区、石垣市区（八重山郡を含む）など離島地域選出の県議会議員の皆さんからの要望も多く出されていました。

このような中で私は、離島振興を県政の最重要施策と位置づけ、各種の取り組みを実施してきました。その基本的姿勢は、沖縄の離島を世界に誇れる地域にすること、離島の活性化を図り「いつまでも暮らし続けられる島」への取り組みです。それが沖縄県民の「独立独歩」、「自立自尊」、さらには、沖縄の「ゆいまーる」の精神の根幹である「相互補完・相互扶助」に繋がると思っているからです。

●ポイント解説

離島住民の定住、生活向上に大きな実績

仲井眞県政は、離島振興問題を沖縄本島と同じような生活ができるための「ユニバーサルサービス」を目指して対応してきた。知事就任直後から、「視察広聴」を積極的に取り入れ、住民の声を直に聞き、地域の振興と活性化のための施策を展開してきた。さらに、台風が襲来するとただちに仲井眞自身が現場に向かい被害状況を視察するとともに、関係自治体、団体、被害住民からの要望を受け入れ対応してきた。恐らく歴代の沖縄県知事の中でも最も多く離島を訪問した知事であろう。

仲井眞は、知事就任と同時に、新沖縄県離島振興計画（平成14～23年度）の実施に取り組んだほか、国の数次にわたる沖縄振興計画、県独自の沖縄21世紀ビジョン基本計画（平成24年5月）の中での離島振興策「住みよく魅力ある島づくり計画――（平成24～33年度）」（平成25年3月決定）などに次々「離島振興」問題を取り入れ、実践してきた。その基本は「離島定住条件の整備を図り、人口増加、雇用の拡大」「離島・過疎地域の医師確

保を推進し、医療の充実を図る」「本島と同じようなサービスが受けられるユニバーサルサービスの実現」――などだった。

まず、知事就任一期4年間で、ドクターヘリ事業などの導入により離島の医療不安を軽減させた。また、離島・僻地《へきち》の医師確保のためのドクターバンク事業を実施したほか、小規模離島航空の運賃低減のため約5億円を投入、さらに、新石垣空港の整備、供用を着実に推進し、伊良部大橋架橋の建設をバックアップした。

二期目を含めた8年間の県政では、離島交通コストの低減化に取り組み、離島住民の航空運賃補助を実施。その結果、離島住民の航空機利用者が1・5倍に増えたほか、16離島航路の船舶建造支援を行ってきた。さらに、高校のない

伊良部大橋を訪れた仲井眞元知事（2021年1月）

離島生徒のための寄宿舎（県立離島児童生徒支援センター・群星《むるぶし》寮）を那覇市内に建設したほか、県立新宮古病院、新八重山病院を整備するなど離島振興に大きな実績を挙げた。

伊良部大橋の調査費計上

宮古本島と伊良部島の海上を結ぶ伊良部《いらぶ》大橋は、国の直轄事業として２００６年３月18日に着工し、２０１５年１月31日に開通した。全長３５４０メートルで、通行料金を徴収しない橋としては日本最長である。総工費は３９９億円だった。

実は、この伊良部大橋架橋の事業には、仲井眞が大田昌秀県政（１９９０〜98年）の副知事時代に関わっていた。当時、地元宮古島の平良《ひらら》市、伊良部町（ともに現在の宮古島市）では、架橋要求運動が盛り上がっていたが、計画は難航した。しかし、仲井眞は宮古地域の首長や県議の要請を受けて、県予算に調査費を計上、１９９７年には国の予算に架橋調査費が計上され事業が本格的に動き出したのである。平良市区選出の元県議、下地常政氏は「大田県政にとって私たち県議は保守系の野党だったが、仲井眞副知事は県予算への調査費計上をよく受け入れてくれた。伊良部大橋の建設は仲井眞さんの力が大きかった」と高く評価している。

仲井眞の元に日参して伊良部大橋架橋に向けた予算計上を熱心に要請したのは、仲松昌彦（自民、那覇市区）と下地常政（無所属、平良市区）の両県議会議員だった。当時、野党の立場でありながら両氏は、伊良部大橋の必要性を副知事の仲井眞に熱心に訴えた。１９９２年頃の話である。那覇市区選出議員とはいっても、仲松氏は元々宮古の伊良部島（当時の伊良部村）出身である。伊良部島と宮古島間の架橋を仲松氏が熱望する背景には、70人以上の死者が出た「伊良部丸沈没」という未曽有の海難事故があった。

宮古島の人々の間で「伊良部丸遭難事件」「伊良部丸沈没事件」として伝えられている海難事故は、１９４０（昭和15）年6月30日に発生した。遭難事故当時の模様を報じる琉球新報の紙面から概要を再現すると、その日午後4時頃、乗船客百人以上と、馬や米俵などの物資、荷物などを乗せた発動機船（ポンポン船）「伊良部丸」は、平良本島から伊良部島に向かった。海上は7～8メートルの風が吹き、波は荒かったという。「伊良部丸」は、伊良部島と平良本島を結ぶ伊良部村有の連絡船である。午後5時頃、伊良部島の手前３００メートルに差し掛かった付近でエンジンの故障に見舞われた「伊良部丸」はその後、横波を受けて転覆、沈没した。

島民を挙げて救助活動が行われたが、犠牲者が73人にのぼる惨事になった。当日が日曜日だったため、平良の街に買い物などに出かけ、帰途についた学校教師と学童らが多く乗船していた、と新聞は報じる。

琉球新報の見出しは「生霊（みたま）七十、魔海に消ゆ」「徹夜の救助空しく生存者僅《わず》か三十人」「若い女教員や女子どもの悲しき犠牲」と、海難史上に残る悲劇を伝える。伊良部島と宮古島を跨《また》ぐ3～4キロメートルの海域は、報道で「魔海」と形容された通り、潮の流れが急な水路で知られ、船の難所に数えられていた。それでも島の人々は、船に頼るしか交通手段はない。生活に必要な物資や子どもの進学、医療、農産物の運搬など全ては、海を越えて平良の町と交流する中でしか融通が利かない時代だった。こうした島民の苦しみを沖縄では「島ちゃび（離島苦）」と呼ぶ。

海難事故が起きる前年の１９３９年生まれの仲松昌彦氏は、子どもの頃から「伊良部丸沈没」の惨事を聞かされ、忘れることはなかった。仲松氏のみならず、島の住民は「伊良部と平良を結ぶ橋さえあれば安心した生活が送れる」と、離島苦の解消を架橋に託していた。伊良部島――宮古島間の水路に橋を架けることはまさしく悲願だった。

島を挙げた架橋要請運動は、復帰後の１９７４年に本格化し、政治の場にいた仲松と下地（平良出身）の2氏は、副知事の仲井眞に「伊良部丸」の悲劇など苦難の歴史を語り、行政による離島苦解消に力を貸すよう求めた。仲松氏とは偶然にも同年生まれの仲井眞は、離島の悩みを聞き、即座に理解できた。

　学生時代からほぼ30年、沖縄を離れて本州（東京）で暮らした仲井眞は、沖縄の島々全体をひとつの「離島空間」として俯瞰《ふかん》する感覚があった。沖縄本島も、離島のそのまた離島の伊良部島も、彼の思考の中では、ひとつの空間の広がりである。知事時代、離島振興策を沖縄本島と分け隔てのない「ユニバーサルサービス」として位置づけた仲井眞流の哲学だ。

　仲松、下地両県議の要請を受けた副知事の仲井眞は早速、調査費計上を応諾。１９９２年、伊良部架橋の基礎調査が開始された。以降、曲折はあったものの、調査費は途切れることなく継続され、本予算がつき、伊良部大橋の完成を見たのは、仲井眞の情熱があったためだ。

　大橋が完成した２０１５年は、１９４０年の「伊良部丸沈没」事故から数えて75年目にあたる。だが、伊良部大橋を仲井眞にあれほど熱望した仲松氏は、橋の完成を見届けることはなかった。政治家としての大成を嘱望《しょくぼう》された仲松昌彦県議は１９９６年、現職議員のまま惜しまれて世を去った。仲井眞の脳裏には、橋の建設をひたむきに要請した仲松氏の姿が焼き付いている。

　ちなみに仲井眞は、知事三期目の事業として、沖縄本島北西部の海域に浮かぶ伊平屋《いへや》島と伊是名《いぜな》島に橋を架け、さらに沖縄本島の今帰仁《なきじん》村まで橋で結ぶ壮大な構想を描いていた。「予算や技術的には実現可能である」と、はっきり述べている。

離島出身生徒の寮が完成

　一方、高校のない離島から本島の高校に通う生徒のために建設された「県立離島児童生徒支援センター・群星《むるぶし》寮」は仲井眞が知事就任直後の２００７年、沖縄県離島振興協議会（会長・外間《ほかま》守吉・与那国町長）の要請を受け、総事業費11億2千万円をかけて那覇市東町に5階建てのビルを着工した。２０１６年に完成したこの寮は１２０人が入寮でき、個人部屋のほか食堂、学習室、研修室、シャワー室などが整備されている。

　同事業は、県内で高校のない離島（15市町村、23離島）の児童生徒を支援する施設で、離島の住民（保護者）・児童生徒にとっては、中学校を卒業して高校に進学するための「十五の春」の選択に大きなプラスになっている。同事業推進の根底には、仲井眞県政の離島振興政策の基本である「本島と同じようなユニバーサルサービスを実現すること」のほか、離島の青少年にも希望と夢を本島と同じように与え、立派な大人になって活躍してもらうという願いが込められていると言えよう。

5　待機児童30億円基金と医療改善

安心できる子育て環境に全力

――子どもの貧困対策、保育所（園）への待機児童解消・待機児童ゼロを目指して、県政の最重要政策として諸施策を展開してきました。同時に、県民の健康、医療・福祉の充実、障害者、長寿者など、いわゆる「弱者の救済」「貧困撲滅――安心・安全で暮らせる豊かな沖縄県」づくりに全力を挙げて取り組み、大きな実績を挙げました。仲井眞県政8年間の成果を聞かせて下さい。

仲井眞　私は、知事就任当初から沖縄発展の根幹である社会資本・産業基盤の整備、経済の活性化、基地問題の解決などハード面の推進のほかに、子育て、健康、医療・福祉、教育、文化、人材育成などのソフト面を県政の最重要政策として全力を挙げて対応してきました。

特に、子育てについては、「安心・安全な環境づくり」「出産・子育てに優しい沖縄」を目標に取り組んできました。沖縄県においては、本土復帰以降、出生率が全国1位を維持しているものの、少子化傾向は進んでおり、人口を維持する水準を下回っている状況にあります。また、核家族化や都市化の進行による地域住民との相互交流の希薄化などにより、子どもや子育て家族を取り巻く環境が変化し、子育て中の親の負担感や不安感が増大しております。

このような変化に適切に対応するため、前県政から引き継がれた「おきなわ子ども・子育て応援プラン」（2005年度から5年計画）をさらに充実させるため「同後期プラン」（2010年度から5年計画）に着手し「子どもを産み育てやすい環境づくり」のほかに医療・福祉・保健、教育、労働、住宅、安全など、子育てに関するあらゆる分野が密接に連携して子育て支援を行政の立場から支える施策を策定し取り組んできました。

まず、5年以内で待機児童をゼロにすることを目標に30億円基金を創設し、国や市町村と連携しながら取り組んできました。その結果、認可保育施設の大幅増と受け入れ児童数の大幅拡大、認可外保育施設の運営費などの助成を拡大してきました。さらに、各市町村の保育所を整備し、子どもを安心して育てることができる体制づくりのため30億円の「安心こども基金」を実施しました。子どもは家族、そして地域の宝です。子どもの成長を日々実感しながら、地域全体の中で安心して子育てが楽しめる沖縄県づくりを目指してきました。しかし、待機児童ゼロは、沖縄県の特殊事情などもあり、まだ道半ばです。

このほか、健康、医療・福祉の一層の充実を図り、「健康・長寿世界一」の復活を目指して、医療体制の充実、高齢者や障害者が安心して暮らせる社会づくりに全力を挙げてきました。

私は、知事就任以来、県政運営については、まず「独立独歩の精神」と「相互補完・相互扶助による主体性のある相互依存」を掲げ、それを念頭に対応してきました。子育て、健康、医療・福祉などは、まさしく「ウチナーンチュの心」「相互扶助のゆいまーる」の精神で対応することで、心豊かな沖縄県づくりができると思っています。

●ポイント解説

待機児童ゼロ、子どもの貧困対策に着手

　仲井眞は、２００６（平成18）年の知事就任にあたり、まず、子育て政策として、「子どもは沖縄の宝。世界に誇れる安心・安全な子育て環境をつくる」ことや「出産にやさしい島・沖縄県の実現」、「安心して子ども産み、健やかに育てることができる環境の整備」などを掲げて、保育園への待機児童解消（ゼロ）、認可外保育園の認可促進と補助拡大、児童手当の拡充、市町村と連携して認可保育園の整備支援などを推進してきた。

　また、前県政から継続されていた「沖縄県次世代育成行動計画（おきなわ子ども・子育て応援プラン）」（２００５年3月～09年度＝前期計画）を踏襲する形で「同後期計画」（２０１０～14年度）を策定したほか、沖縄21世紀ビジョン、沖縄振興計画、「健やか親子おきなわ２０１０」などに、次々と「子育て政策」を取り入れ、本格的な子育て推進に着手した。

「おきなわ子ども・子育て応援プラン」では、「親子が心身ともに健やかに成長できる子

育ち、親育ち、地域育ち」を基本理念に、「地域における子育て支援」、「母性並びに乳児、幼児等の健康の確保、増進」、「子どもの心身の健やかな成長に資する教育環境の整備」、「職業生活と家庭生活の両立」、「ひとり親家庭への自立支援」などの各種政策を展開してきた。その結果、ファミリーサポートセンターの設置や小学校におけるスクールカウンセラーの設置、女性の育児休業取得率の向上などの充実化が図られ、県と国、市町村、関係機関との連携も進み計画は一定の成果を挙げた。

しかし、子どもの貧困対策への対応や待機児童の解消のための保育所の定員の拡充、幼稚園における預かり保育事業の促進、放課後児童クラブの定員の拡充などが弱かった。そこで仲井眞県政が本格的に取り組んだのが、子どもの貧困問題であり、後の「子どもの貧困対策推進基金」30億円創設につながったのである。

特に、待機児童対策特別事業では、認可外保育所の認可を促進したほか、30億円の「待機児童解消支援基金」を活用して、待機児童解消促進のため各市町村に交付金を配付するなど連携して対応した。その結果、認可保育所を46施設増設し、入居児童数が８３００人増加する実績を挙げた。同時に、事業所内保育の推進、保育士の確保、放課後児童クラブ支援、地域子ども・子育て支援、ひとり親家庭の自立支援などを実施した。

また、健康、医療・福祉政策としては、保健医療の充実、特にドクターヘリの推進、医師の確保、医療費無料化の拡充などのほか、健康長寿世界一への再チャレンジ、高齢者や障がいのある人が安心して暮らせる社会づくりなどに対応し、大きな成果を挙げた。

県立病院の経営改善——改革チーム編成し対応

仲井眞の就任時、県立病院は大幅な赤字を抱え、一部で正常な医療業務遂行が困難になりつつあることが指摘されていた。仲井眞は早速、関係部局と一緒になり県立病院の経営改善に乗り出した。

離島県である沖縄県は、６カ所の県立病院と15カ所の附属診療所を運営している。沖縄戦によって荒廃した県土の中で、医療の確保は地域の最重要課題であった。とりわけ人口が集中する中南部地域から離れた、本島北部、宮古、八重山地方では、県立病院と附属診療所が最前線で住民の生命をつないできた。

「平成26年度地方公営企業年鑑」によると、県内医療機関に占める県立病院の割合は、病院数で６・４％（全国平均２・４％）、病床数で11・７％（全国平均３・５％）と、全国平均と比べ高くなっていることが特徴的である（沖縄県ホームページ）。県民の健康、生命の安全に重要な役割を果たしている。

一方で、医療の高度化により医療機関の運営コストは上昇し続けている。沖縄県の病院事業は慢性的な赤字体質であり、また救急医療や深夜外来等の不採算部門が経営的には重荷になっている現状がある。

２００９年当時、沖縄県病院事業は１００億円の累積赤字を抱え、そのままでは医療機器や薬剤もままならぬ事態に陥る恐れがあった。また、離島遠隔地で勤務する医師の確保も重要な行政課題となっていた。

仲井眞県政がそのような事態にどう対処したのか。当時の保健医療部長を務めた宮里達也（沖縄県北部地区医師会副会長）は「２００９年2月、私は知事室に呼び出された。県立病院が危ない。県立病院には毎年多額の資金の繰り入れをしてきたにもかかわらず赤字が続いている。累積で１００億円という途方もない赤字が続いている。今回、毎年の繰入金に約20億円積み増し、特別に85億円繰り入れることとした。それで累積赤字は解消することになるが、今のままの経営を続けているとまた同じように10年後には資金繰りが悪化することになる」と県立病院の経営改善に取り組むよう指示された。

宮里は、２００９年4月1日付で保健福祉部統括監の辞令を受け、さっそく特別に編成された県立病院改革チームの職員3人で県立病院の経営改善に乗り出した。

県立病院の経営が赤字になると何が問題になるのか。端的に言うと、新規の投資が滞り、日進月歩する医療機器等の更新ができなくなり、医師のやる気を失わせ、病院から立ち去ることなどで、負の連鎖を引き起こすことである。

さらに、いわゆる革新・リベラル系の県議からは、税金で補填《ほてん》すればいいとの主張もあるが、それでは経営改善にはならず、いずれ県の一般会計予算でも面倒が見られなくなり、結果として病院の閉鎖に追い込まれる、との危機感があった。県立病院が閉鎖された事例は他府県で実際に起きたことから、仲井眞は強い決意で県立病院の経営改善に乗り出したのである。

宮里らの改革チームは、他府県で病院事業に成功した事例や地元の那覇市立病院の経営改善の調査を開始した。

那覇市立病院は１９９７年、市の中心部で交通も比較的恵まれた場所に立地しながら、慢性的な赤字体質に悩まされ、那覇市の財政を圧迫していた。しかし、病院長のリーダーシップで労働組合の反対を押し切りつつ医療の効率化を図り、２００３年度から独立行政法人となって劇的な経営改善を成し遂げた。経営が改善されると医師も増え、市民サービスも向上した。

このような成功事例を参考に、宮里は県立病院経営改革案をまとめた。具体的には、県立病院の役割を明確にし、県民の健康に関わる救急等の不採算医療は税金で賄うこともやむを得ない——とする。しかし、民間病院でできることは民間病院にまかせる。人件費については、まず、過重な医師や看護師の勤務体制を見直した上で、収益に見合った人件費水準を経営の現場で責任をもって決めさせる——といった内容だった。

ところが、これらの案は当時の革新系野党の県議の猛反対にあった。労働組合との絡みで野党議員は人件費、身分保障などの問題から、議論のテーブルにつくことさえ拒み、仲井眞知事の承認を得た改善計画は日の目を見ることがなかった。その際、革新陣営がイニシアチブをとる沖縄県政では病院経営の改善は見込めないということを思い知らされた。

しかし、仲井眞は引き下がらなかった。２００９年度の一般会計予算は85億円を病院会計操入金に計上し、赤字を解消、さらに、宮古病院（宮古島市）、八重山病院（石垣市）の改築を進めるなど、支出すべきところにはしっかりと予算をつけた。

また、医師の確保については、北部病院で産婦人科医師が退職し、診療ができない事態になっていたが、知事自らの人脈を活かし東京の大学病院を行脚、医師を確保するとともに、防衛省に相談して医療技官の派遣を実現するなど、仲井眞の離れ業ともいうべき行動に現場の担当者も驚くばかりだった。

このように「県立病院の経営改善は地域の医療体制を損なうことなく現場の理解を求めつつ着実に進める」「できることは何でもする」という仲井眞流で着実に経営改善の成果をあげ、いい方向に向かっていた。だが、仲井眞が知事を退き革新県政が誕生すると同時に、当時の野党がイニシアチブを握る与党になったことなどから、県立病院の経営はますます悪化、累積赤字は現在、再び１００億円になると言われている。宮里は「私たちの努力が水泡に帰したようで、残念な気持ちでいっぱい」と悔しがっている。

新型インフルエンザに即刻対応

県立病院経営改善を目指して、改革チームが動き始めた矢先の２００９年４月、メキシコで新型インフルエンザが流行している、とのニュースが伝えられた。医師でもある宮里は、仲井眞から呼び出しを受け「どのような見通しを持っているか。対策はあるのか。観光産業などへの影響はどうか」と矢継ぎ早の質問を受けた。宮里が一つひとつ丁寧に説明し、仲井眞は納得しながら、すぐ県内での対策をとるよう指示した。さっそく「沖縄県インフルエンザ対策本部」を立ち上げ、対策に乗り出した。

当初、気色ばんでいた仲井眞だったが、丁寧な説明を聞いているうちに表情も柔らかくなり、宮里は「この人（知事）は理を持って説明すれば、すぐに理解をしてくれる方なのだ。専門家として信頼できる人だ」と述懐している。

結局、新型インフルエンザは、沖縄県内でも罹患《りかん》者が出て、死者も出たが、仲井眞県政は常に専門家を信頼し、医師会や民間病院とも連携して感染拡大の防止にあたり、「全国的に新型インフルエンザ対策は沖縄県に学ぶべし」との報道もあり、高く評価されたのである。

第四章　基地問題の「解」

1　普天間飛行場の危険性除去

県民の安全念頭に政府と議論交わす

――普天間飛行場の辺野古崎移設については、知事が２０１３（平成25）年12月に政府から提出された代替施設建設予定地の埋め立て申請を承認したことから、革新政党だけでなく、翁長雄志《おながたけし》那覇市長を中心とする保守の一部が合同し、オール沖縄体制として猛烈な反対運動が起こりました。仲井眞知事は県外移設を公約としていたのに、公約違反を犯したとの激しいキャンペーンに晒され、翌年の知事選で翁長氏に敗れることになります。知事の普天間飛行場の移設に関する当時のお考えを聞かせて下さい。

仲井眞　１９９５年、大田昌秀県政時代に発生した米兵による少女暴行事件は、そのあまりの悲惨さから日米両政府に衝撃を与え、沖縄の基地負担に目を向けさせました。

政府はあらためて沖縄の基地問題に向き合うべきとの姿勢を見せ、１９９６年普天間飛行場の5年ないし7年以内の返還を含むＳＡＣＯ最終合意として具体的な基地の整理縮小計画が日米で合意されました。

（註：ＳＡＣＯ＝Special Action Committee on Okinawa 沖縄に関する特別行動委員会）

稲嶺恵一県政時代、普天間飛行場代替施設の位置、形状を巡って、移設先が名護市辺野古崎として選定された後、その形状や、工法、普天間飛行場の返還時期等を巡ってメディアを巻き込んだ政治対立が顕在化しました。そして、普天間飛行場の移設先は名護市辺野古崎とするとの日米合意が１９９９年に実現したのです。

県政与党の自民は辺野古移設を容認する立場でした。普天間飛行場周辺住民の負担を考えれば、一日も早い移設が必要との考えだったのです。しかし、マスコミを含む革新勢力は普天間飛行場の無条件即時閉鎖を譲らず、移設問題は県内政局を二分しました。

私が２００６年に知事に就任した時、移設問題は、実際に計画が実施できるのか見通しが不透明な状態でした。稲嶺県政時代に、移設先を名護市辺野古崎とすることは、名護市及び宜野座村、東村が同意し、県もその方向で議論するという確認書を政府と交わしていました。

私は技術系の人間ですから土木技術面でも納得のできる説明が欲しかったのです。そこで飛行場をできるだけ沖合に出すべきだと主張し、政府関係者とも議論しました。政府の説明は、飛行場の機能を維持するためには当時決定されたV字案以外ない、との一点張りでした。

当時の防衛次官らとかなり激しい議論をしましたよ。普天間飛行場住民の生活と辺野古崎周辺住民の生活、どちらも大切です。極力、両者への影響が最小限となる方策を追求すべき、というのが私の主張でした。

——知事は二期目、2010年の選挙で、県外移設を公約に掲げました。このことが、後に埋め立て申請を承認した際に「公約違反」としてオール沖縄側の激しいバッシングに晒される理由となったわけです。選挙の死命を制したといっても過言ではありません。果たして県外移設の公約は撤回されたのでしょうか。

仲井眞　問題の根幹は、世界一危険とされる普天間飛行場の一日も早い返還を実現することにあります。日米政府が同飛行場の移設を決めたことは大きな前進でした。しかし、同時に移設先は沖縄県内だということも取り決められた。これを不服として移設そのものを拒否する、という考えは当時少数だったのではないでしょうか。それほど普天間飛行場の危険性除去は喫緊の課題なのです。

大事なことは稲嶺県政時代に移設先が辺野古崎と決定され、地元もそれを受け入れたわけです。地元の皆さんの苦しい判断があったと思います。計画を進めるに当たっては周辺住民の生活に最大の配慮を欠かさないというのが行政の責任でした。

それでも、私はもし県外移設が実現するなら、それに勝るものはないと考えていました。これは当然のことじゃないですか。諸手を挙げて県内移設を喜ぶ県民などいません。そのためには日米両政府の方針変更が必要です。知事に就任した当初から政府関係者と議論を続けていましたが、現在の日米の力関係では難しいとの反応でしたね。

鳩山首相が２００９年９月に就任し、その状況が一転した、ように見えました。首相は明確に「普天間飛行場の移設先は最低でも県外」との公約を掲げました。私も首相の就任直後上京し、お会いしてその真意を確かめました。県外移設が実現するなら、問題は解決したも同然です。

しかし、その翌年5月、鳩山首相は首相として初めて沖縄を訪問されました。そして私との会談でおっしゃったのは「学べば学ぶほど県外移設が困難だと知るに至った、申し訳ない」との謝罪の言葉でした。これほど重要な問題の方針を、わずか数カ月で転換し、元の県内移設に戻す。

私は呆れ、非公式の場で、政府は徹底的に県外移設の可能性を追求したのか、と問い詰めました。答えは曖昧《あいまい》なままでした。米国との話し合いもろくにせず、沖縄を弄《もてあそ》んだ、そんな感じでしたね。

しかし、仮にも一国の首相の判断です。私は冷静に「沖縄県民の県外移設を求める気持ちは変わりません。更に県外を追求して頂きたい」と主張しました。

一般では、鳩山首相の変節に県民が怒ったということが言われていますが、知事の立場にある私は、それでも日米両政府に県外移設を追求させることが責務であり、場合によっては沖縄が直接アメリカに要望することも必要だと考えていました。知事公室長を米国に派遣したのはその頃からです。

二期目の選挙は、宜野湾市長の職を辞して立候補した伊波洋一氏と戦いましたが、普天間飛行場の即時撤去を主張する伊波氏が知事になったら、移設計画そのものが頓挫しかねない。一方で私自身も政府に徹底的に県外移設を追求させる責任がある。このことが「普天間飛行場の県外移設を求める」という公約に繋がっています。

――しかし、結局２０１３年12月。知事は政府から提出された辺野古崎埋立申請を承認します。あの時、知事が承認しなければ仲井眞県政は三期目も継続していたのではないかという意見もあります。知事は公約違反を覚悟で承認したのですか。

仲井眞　まず、重要なことは、埋め立て申請は公有水面埋立法や行政手続法を根拠とした、法に基づいた行政行為だったということです。法令に基づく申請は厳格に法令に基づき審査し、判断する。そこには政治や思想が入り込む余地はありません。そのためには県として厳密な審査が必要です。

　私は担当の土木建築部長を呼び、「政府の申請に対しては政治判断を一切廃し、法に基づき厳格に審査するように。移設の賛否を問わずマスコミや政治家の声に一切配慮する必要はない」と指示しました。さらに土木建築部の要員を増やし、徹底的な審査を行わせました。

私が承認の印鑑を押したのは結果を公表した当日です。前日まで土木建築部長をはじめ関係部長の説明を徹底的に聞き、判断したのです。

無論、私は政府が県外移設を追求することを求め続けていましたが、このまま膠着《こうちゃく》状態を続けていると、移設計画そのものが大幅に遅延するか、反古《ほご》になるのではないか、との恐れもありましたね。

——公約違反という指摘については。

仲井眞　私の公約は、最も危険な普天間飛行場の一日も早い返還撤去。政府は県外移設を徹底的に追求すべき、との趣旨です。移設計画を進めるのは日米両政府であり、両政府が辺野古崎移設を進める以上、法令上の問題がなければ埋め立ては承認せざるを得ない。また、そのことが結果的に普天間飛行場の早期返還に繋がる。現実離れした主張に拘っていては、県民に大きな災厄が起きかねない。県民の安全を守るということは、公約に違反をしていないと考えています。

●ポイント解説

負担軽減実現のためあらゆる可能性を追求

仲井眞は信念の人である。本書の各章に描かれているとおり、華やかな職歴と幅広い人脈を通じ得た見識を持ち、常に合理的、現実的な判断をもって沖縄の未来へ向け強いリーダーシップを発揮した。

その一方で、基地問題に対する仲井眞の信念とその基礎になった合理的判断は多くの有権者の理解を得ることなく、仲井眞を県知事の席から去らしめた。

果たして仲井眞は当時巷《ちまた》で言われたように沖縄振興予算と辺野古の承認を引き換えに「沖縄を売った」のだろうか。

二期目の知事選出馬に際し普天間飛行場の県外移設を主張していた仲井眞は、辺野古崎の公有水面埋立申請許可を承認したことによって公約違反と誹《そし》られ県議会野党、マスコミから猛烈なバッシングに晒《さら》された。

県議会で激しい追及を受けた仲井眞は一徹に「公約違反はしていない」と指摘を否定し

続けた。

知事選の対抗馬となった翁長雄志は保守から革新まで幅広いウイングを形成し、辺野古移設に反対することを訴えた。翁長にとって仲井眞の「公約違反」批判は格好の追い風になったはずだ。

仲井眞は語る。「私は公約違反をしていない。私の公約は普天間飛行場の一日も早い閉鎖返還を実現させること。私の就任当時、すでに代替施設を辺野古崎に建設するとの日米合意が存在した。私はまずそこに疑問を呈した」

仲井眞は就任直後に政府要人や官僚と会談を重ね、果たして「辺野古が唯一の解決策であるのか」と問い質《ただ》した。

辺野古崎移設はあくまで最終の策。あらゆる可能性を追求し、普天間飛行場の危険性除去のためにはほかに方策がない。根拠をもってそう断言できるのか。仲井眞は政府にそのような言質《げんち》を求めたのである。

「政府の説明には納得できませんでしたね。移設には時間がかかる。地元の理解も必要だ。それなら県外に持って行った方が早いのではないか」

その一方で、基地反対を金科玉条とする革新政党の主張とは一線を画した。彼らは基地即時撤去、新基地反対と主張するばかりで普天間飛行場の危険性の除去という問題を「おそらく意図的に」思考の外に置いている。

政府からはその時点で納得できる説明が得られないまま民主党政権が誕生し、鳩山首相の「最低でも県外」なる発言に県民が振り回されていた時期、仲井眞は独自に普天間飛行場の県外移設の可能性を探った。

「政権も同じ説明を繰り返すだけで頼りにならない。それなら、政府内部そして米国政府に影響のある経済人を通じて日米両政府の政策を変えられないか模索した」

仲井眞の言う「政府内部」とは、防衛省の次官級だった実力者だ。東大、産業界の人脈を活かし、経済人には一部上場企業の役員級を通じ、米国務長官に繋ぐ段取りを模索した。さらに、新型輸送機ＭＶ-22オスプレイの普天間配備が決定した時期、その配備先を当時問題となっていた県外の利用頻度が低い飛行場に移すための交渉を行った。

経済官僚を経験し中央の経済界にも人脈を持つ仲井眞知事ならではの行動だった。

行政法に基づいて行われた埋め立て承認

「とにかく県知事として、普天間飛行場の機能を一部でも県外に移すべく努力しました」

仲井眞の人脈を活かした水面下の行動にもかかわらず、日米両政府の方針は変わることがなかった。更に追い打ちをかけたのは尖閣情勢である。

民主党政権下で日本政府が打ち出した尖閣諸島国有化の方針は中国・台湾の猛烈な反発を生み出し、今日まで続く中国公船が尖閣諸島の領海周辺に常駐する事態を招いた。

同時期に中国が示した海洋進出の意図に対し、日米両政府は新たな日米同盟抑止力のあり方を探る必要に迫られたのである。

民主党政権が挫折した後、発足した第2次安倍政権は、日米同盟をより確固としたものに強化すること、そのため普天間飛行場の辺野古崎移設計画を加速化した。２０１３年には公有水面の埋め立て申請が行われる。

仲井眞には安倍内閣の方針がどのように見えていたのか。

「民主党政権はとにかく閣僚が替わりすぎた。辺野古の問題については防衛大臣が新しい人になる度に一からやり直しという感じがあった。これでは普天間飛行場の危険性除去は進まないな、と思っていた」
「安倍さんが首相になって、この政権は落ち着いて仕事をしてくれそうだな、と思った。普天間飛行場は沖縄振興の大きな障害になる。菅さんと何度も話をするたびに、この政権は問題解決を前進させてくれそうだと思い始めた」

しかし、仲井眞は行政官としてのモラルを失わなかった。政府が埋め立て申請を提出してきたら、徹底的に法に則《のっと》って審査する。政治的な手心は加えない。環境面、住民生活への影響について徹底的に説明を求めることを決めた。

担当職員には政府への政治的配慮を一切行わないよう命じ、他県の事例や、同時に進行していた那覇空港第２滑走路建設に伴う埋立事業とのバランス等を考慮した。

政府側担当者から「県は埋め立て申請を潰そうとしているのではないか」との疑念が生じるほど厳格な審査を経て公有水面埋め立ては２０１３年12月承認される。

埋め立て承認によって生じた仲井眞に対するメディア・反対勢力の攻撃、そして仲井眞が三選を目指し敗れていく過程については別項に譲るが、ここでは埋め立て承認後７年を経た現況を見てみたい。

不毛な法的闘争を繰り返す翁長県政

仲井眞の後任として基地問題の差配を担った翁長は、仲井眞県政の埋め立て承認に瑕疵《かし》があるとの前提のもと、政府との法廷闘争に臨んだ。そして２０１６年末、県が埋め立て承認取消に対する国の是正指示に従わないのは不作為であり違法との確認を求めた訴訟において政府が勝訴し、埋め立て申請審査のプロセスに何ら瑕疵がなかったことが最高裁で認められた。

その後、県は工事に伴う岩礁破砕の適法性や国地方係争処理委員会の判断等を巡り、埋め立て工事が違法との主張をもって法廷闘争を繰り返しているが、全て敗訴している。

また、仲井眞退任後、辺野古埋め立て予定の海域において軟弱地盤が確認され、これにより工期が伸び、総工費が膨れ上がることが確実となった。しかし、政府は問題を解決可能として県内マスコミ始め反対派の工事中止要求に応える動きはない。

むしろ移設の遅れを懸念する宜野湾市長は公式に辺野古移設容認との立場を明確にしており、普天間飛行場の危険性除去のためには辺野古移設が唯一の方策であるという現実は一層確たることとなっている。

もし、仲井眞県政が県外移設に固執し辺野古崎移設を拒否していたらどうなったか。もしかしたら仲井眞が翁長に取って代わられることはなかったかもしれない。しかし、普天間飛行場移設問題は頓挫《とんざ》し、同基地の継続使用が現実のこととなっていたに違いない。

仲井眞は公約違反を犯したのか。この問いには県民の生命の安全を守ることが使命との信念を持ち、理知的・合理的な判断を行った知事が存在したことをもって答えとすべきであろう。

2　マスコミ不信

選挙報道では訴訟まで考えた

――マスコミ報道について見解を聞かせて下さい。２０１３（平成25）年12月27日の辺野古崎沿岸部埋め立て承認以降、翌14年11月の県知事選挙をピークにした「仲井眞バッシング」と読み取れる報道がひどかったですね。「歴史的汚点」とか「沖縄の心をカネで売り渡した」「裏切り」「公約違反」などと悪意に満ちた報道があふれました。

仲井眞　特に地元マスコミに対する不信はまだ溶けないですね。経済界にいた頃から元々、新聞二紙（沖縄タイムス、琉球新報）を中心とする地元のマスコミとの関係は良好だったと思っていましたよ。県知事になってもマスコミとの定例会見は極力、週に一度開いて県政を正面から論じ合いました。歴代の知事の中でも定例会見は一番多かったと思います。個人的に親しく語り合った記者の友人もいました。

　県庁での会議も余程のことがない限り、全てオープンな形で取材に応じていました。後に意図的に報じられたような「密室行政」ではなかったと自負しています。

「新聞は社会の木鐸《ぼくたく》」と教わった世代です。そのため、マスコミは大事にして付き合ってきたつもりでした。社会の「公器」としてある種の尊敬の念をもって接していました。それが埋め立て承認後からは一変してマスコミとの関係は険悪になっていきます。別に私の側がどうのではありません。取材する側が一方的な報道を流し、批判を繰り返すわけです。

　例えば、承認する前の12月25日に安倍総理と会談して沖縄振興予算で満額回答をいただき、基地負担軽減4項目も受け入れてもらいました。こうした政府の対応に対して「感謝する」とか、「いい正月の実感」などの感想を率直に述べました。

ところが、マスコミの紙面は、私の真意とかけ離れて「辺野古承認と取り引きした」「カネで心を売った」などと歪曲して、とんでもない記事になってしまうのです。それは事実とは全く異なる記事ですよ。一事が万事、といいますか、埋め立て承認後はさらにひどくなり、記者会見や県議会での説明も全て、承認そのものが県内移設と同義語で報じられる。「公約に違反していない。県外移設を追求する姿勢に変わりがない」とどんなに説明しても無駄でした。法的な埋め立て承認＝県内移設容認という短絡した図式のみをもって糾弾する姿勢です。普天間飛行場の一日も早い危険性除去のために、県外移設を求める私の政治姿勢、つまり公約は完全に無視される環境がつくられたようでした。

　地元マスコミのほとんどが「辺野古反対」勢力と同一歩調をとる報道に終始し、「明らかに偏向している」との印象を持ちました。

　辺野古埋め立てを承認した日の記者会見では、本土のテレビ記者が「一般的な日本語能力を持っているならば――」と沖縄の人間を小馬鹿にしたような「差別発言」がありました。これにはさすがにカチンときましたね。もちろん、反論しましたが、言論人の良識を疑いました。

　私に対する批判報道は、２０１４年11月の県知事選挙を通じて続き、「反仲井眞キャンペーン」が展開されます。個人攻撃に類する内容や、選挙妨害まがいの記事が目についたため、私の後援会では名誉毀損で地元２紙を訴える意見が出されました。

訴訟は思いとどまりましたが、後援会では地元新聞に不信感が強くなりましたね。選挙報道はやはり、公正、公平、不偏不党であるべきです。マスコミ各社の立場を主張するあまり、一方の候補者を利する偏重報道は、節度を持って慎むべきでしょう。選挙の主役である県民、有権者を一方的な論調で操作する報道はいかがなものかと考えます。事実に基づく正確で、客観的な報道を示し、有権者の審判を仰ぐのがマスコミ本来の使命ではないかと思います。

ここで強調しておきますが、沖縄振興予算や、埋め立て承認などを巡って、仲井眞県政と政府は、いかなる前提条件を付けたことはありません。取り引きをした事実も全くありません。まして「沖縄の心をカネで売った」と中傷するマスコミ報道は論外です。

一方的な報道には堂々と反論すべし

――選挙報道といいますと、２０１９年７月の参議院議員選挙の沖縄選挙区を巡り、自民党県連が記者会見を開いて、新聞報道に抗議したケースがありました。今までにない異例の事態です。事実に反して偏向する報道に対しては、今後も毅然《きぜん》とした態度で反論していく必要がありませんか。

仲井眞　県連組織として公にした形で、マスコミ報道に抗議、反論するのはおそらく初めてでしょう。沖縄タイムスの記事は、常識的に読んでも選挙報道の節度を逸脱した内容でした。選挙直後に匿名報道を元にした情報を一方的に流し、候補者本人を中傷するか、もしくは個人攻撃とも受け取れる内容でした。選挙取材は、もっと慎重であるべきでしょう。選挙責任者に何ら確認取材を行うことなく、取材源そのものが全て匿名に頼っています。記事の信憑性が疑われますよ。

私の知事選挙の時にも一方的な報道がありました。マスコミの体質はなかなか変わらないものでしょうか。

正直言って、地元2紙（琉球新報、沖縄タイムス）は従来、「辺野古反対」勢力の候補者を有利に導く論調があるようで、「記事が偏向している」と、見られがちです。

選挙報道はやはり、慎重かつ公正であって欲しいですね。マスコミなど報道機関の誤った取材方法や、報道内容が明らかになった場合、有効に反論する媒体や機会を持たない個人もしくは団体は、今回のように公の場を設けて、真実を明らかにする行為は許されるでしょう。その方が健全な言論社会の構築につながると考えます。

自民党県連の抗議に対して、タイムス側は、「識者」の言葉を借りて「報道圧力」を強調しています。ちょっと視点が違う気がします。

過去の知事選挙や、市町村の首長選挙など経験した者からすると、地元マスコミは、特定団体を利するかのような「争点」を作り上げてきました。いわゆる「辺野古反対」や「基地反対」などがその典型でしょうか。

各陣営が訴える争点よりも、マスコミが自分たちで仕立てた「争点」を前面に打ち出し、有権者や世論を巧みに操作する方法ですね。むしろ、圧力がより強いのはマスコミではないですか。「第四の権力」と言われるでしょう。メディアスクラムという言葉さえありますよ。報道機関の「報道圧力」＝「同調圧力」の方が怖いのは経験的に知っています。報道機関の「争点」に相反する声は封じ込めてしまい、社会が自由にモノを言えない雰囲気を作ってしまいます。マスコミの責任は大きいと思いますね。

もう少し言わせて下さい。

特定政党の機関紙に地元新聞の編集局長が登場して、「基地反対」を述べたという情報がありました。これなど驚きですよ。一般の読者は、公正、中立の紙面を地元紙に期待できますか。こうなると、選挙情報に関するマスコミの世論調査も警戒しなければなりません。

また、「辺野古反対」が7割以上とする県民投票の結果も、115万人の有資格者のうち、半数近い人は投票していません。5割を少し超える投票率でしょう。投票率からすると、沖縄県民全体の37％しか、「辺野古反対」に投じていない計算になるわけです。マスコミが「県民の7割以上が反対」と盛んに報じる「民意」は納得しがたいものがあります。この点は、県議会でも取り上げられました。

地元新聞はこのような真実にあまり触れませんが、ＳＮＳやネット情報が発達した今の時代、一方に偏った報道だけでは説得力と信頼性に欠けます。

●ポイント解説

大バッシングに走った言論機関

ここに痛烈な一文を紹介する。

仲井眞弘多の後援会長を務めた宮城信雄《しんゆう》の「あいさつ」である。

表紙に「なかいま」とつけられた後援会報は、辺野古埋め立て承認に言及した後、

「――これは法令に従っての決断であり、問題解決を先送りしない仲井眞知事の真骨頂でありました。これにより仲井眞知事は連日のように地元マスコミからバッシングを受け、揚げ足取りと過剰ともいえる仲井眞つぶしの嵐に巻き込まれましたが、仲井眞知事はひるまず、ぶれることなく信念を貫き通したのでした」と、怒りと無念の思いを率直に語っている。そして、仲井眞に対する評価は、「時間を待つしかない」と結んでいる。

宮城が怒る「仲井眞つぶし」の大バッシングは、埋め立て承認以前の総理会談後にはすでに、マスコミが布石を打っている。

２０１３（平成25）年12月25日に安倍総理と会談した仲井眞が、「いい正月になるとの

実感」と述べた感想をとらえ、全国紙の朝日新聞や、地元マスコミは、官邸と取り引きがあったかのような印象を与える観測記事を載せ、仲井眞の本心とは全く逆の方向に論調を持って行った。マスコミが得意とする印象操作の始まりである。こうした報道が、翌年11月の県知事選挙に政治利用されたのは言うまでもない。

それだけではない。琉球新報、沖縄タイムスは早速、「公約違反」「知事は心変わり」など激しく非難する記事を1面から社会面にかけて特集、社説では「仲井眞弘多知事は、別人のようだった。菅官房長官が作ったシナリオの上で踊らされているパペット（操り人形）に見えた」とか、「辺野古を金で売り渡すつもりか」と最大限の批判を展開している。

2日後の2013年12月27日、辺野古崎の埋め立て承認を仲井眞が発表した時点からマスコミのバッシング報道はさらに先鋭化を帯び、「反仲井眞」の方向に県内世論を煽り立てていった。

承認発表翌日（28日）の新報、タイムスの両紙は、「辞職し信を問え」と、ほぼ同じ見出し、同じ内容の社説を掲げ、「仲井眞つぶし」の集中砲火を浴びせ始めたのである。

新報は「民意に背く歴史的汚点」とわざわざ脇見出しを添えて「沖縄は心をカネで売り渡す」とか、「県民を裏切った」など憎悪むき出しの論調を展開し、タイムスも大同小異といった内容の社説だ。県外移設の公約違反をなじり、「官僚体質の最も悪い部分が表れた」と、個人攻撃とも読める記事まで出た。「識者」と呼ばれる学者らが動員され、批判が倍加するパターンが常態化したのもその頃だ。

マスコミのスタンスと相容れない県政トップの動向に対して、まるで「常軌を逸した」（マスコミ関係者）かのような言論展開がなされ、新聞の看板とも言うべき「社説」にしては理性と品格に欠けた。いたずらに世論を煽り、中傷記事を思わせる表現があふれた紙面に読めた。

ところで、埋め立て承認を発表した記者会見の席上、前述したようにマスコミの傲慢な取材態度を見せつけるシーンがあった。紹介しよう。

選挙公約の是非について本土のテレビ記者が「日本語能力を持っているならば……」と沖縄を差別するかに聞こえる言葉を発したのである。沖縄県を代表する知事への発言としては誠に非礼過ぎた。まともな言論人の態度とは思えない不穏当さがあった。会見場の空気が一瞬凍った程である。

「ああいう言葉は、沖縄の人間にはなかなか飲み込めない。いくら記者会見だからと言っても不快な感情が収まらなかった」という仲井眞は、根が正直者だけにマスコミへのわだかまりを未だに隠そうとはしない。

念のために言うと、件《くだん》のテレビ記者は、２０１８年2月の名護市長選挙で、若者の多くが「オール沖縄」勢力の推す候補者を支持しなかったとして、「どこへゆくオキナワンボーイ」と、名護の若者を未熟者扱いして新聞コラムで揶揄《やゆ》した。このため、同じく本土言論人から「彼ら（若者）を、自らの政治的、思想的スタンスが違うという理由で、『幼い』と非難するのは暴力的だ」と、言論人としてあるべき姿勢が厳しく問われている（２０１8年3月23日　沖縄タイムス）。

察するに、このテレビ記者は、「差別主義者」の心根をどこかに潜めているのかもしれない。

自らの主張に沿わないからといって、感情論を持って必要以上に「仲井眞バッシング」に走った地元マスコミも、言論人の矜持《きょうじ》についてもう一度、自らを問いただす度量が欲しい。

辺野古反対勢力と結びつく報道？

とは言っても、地元マスコミはその後も同じトーンで「反仲井眞キャンペーン」を繰り広げ、バッシングは止まらない。２０１４年11月の県知事選挙を迎えて「仲井眞バッシング」はピークに達した。社説や、一般記事は言うに及ばず、コラムや投稿欄に学者、文化人、一般読者を総動員して「辺野古反対」の大号令を飛ばし、「仲井眞つぶし」で紙面を埋めた。これらのマスコミ報道は全て、「オール沖縄」勢力の翁長雄志陣営と意図を同じくするかに見えて、客観性のある公正、公平な選挙報道とはとても言いがたい内容であった。基地問題を軸に「辺野古が争点」と仕立てた報道機関にとって、沖縄振興や自立経済を訴える政策はまるで目に入らなかったに等しい。

マスコミは本来、取材対象とは一定の距離を保ちつつ、冷静な目で事実関係を見つめ、正確な情報を読者や有権者に届けるのが使命であろうか。しかし、地元二紙は、基地や辺野古崎埋め立ての反対運動勢力に最接近するあまり、最終的には偏向した記事を読者に伝えるジレンマに立たされている。このような姿勢は、今でも続いているような気がしてならない。

取材対象勢力と接近した（癒着と言えないか）最も象徴的な事例を挙げてみる。

２０１５年９月の国連人権理事会（スイス・ジュネーブ）には県知事の翁長が出席した。そこに同行取材した琉球新報の編集局長が公開シンポジウムで「沖縄は日本の領土ではない」旨の発言をして、後に新聞社が修正する失態を演じている。マスコミＯＢによると、知事の同行取材は通常、一線の担当記者の仕事である。ところが、翁長県政の「辺野古反対」政策に同調するあまり、編集局長自らが国連に同行したようだ。そして、取材にかこつけて翁長知事と同席したシンポジウムで、とんでもない失言が飛び出してしまったのが真相らしい。

もう一例は、日本共産党の機関紙「しんぶん赤旗」の日曜版（２０１７年8月20日号）に新報、タイムスの編集局長が揃って登場したことである。１面と６面で派手にトップ扱いされた両編集局長は、人権侵害とか、オスプレイの恐怖などを語り、「辺野古新基地」に反対する報道の必要性を訴え、翁長県政に賛同する姿勢を示して見せた。前述したマスコミＯＢは「共産党の機関紙インタビューに新報、タイムスの編集局長が応じ、大々的に掲載されるのは沖縄のマスコミ史上例がない。一般の読者から見れば特定の政党と結びついた新聞だと誤解を与えかねない。一般紙の言論人としては軽率だ」と批判する。

大方の読者が見る限り、地元マスコミは、基地や安保に反対する勢力と結託するような体質を有している。だから、読者の中から新報やタイムスの体質を「正す会」が生まれ、感情論に支配された偏向報道に警鐘を鳴らす。

「辺野古問題」は、２０１６年12月20日の最高裁判決が、翁長知事の「承認取り消し」訴訟を「違法」と退け、決着した。「国との対立と裁判を繰り広げた翁長県政」は終了した。

地元マスコミもそろそろ目を醒《さま》す時期に差し掛かっているのではないか。

3　返還跡地利用推進法

必要だった軍用地主への手厚い手当

――沖縄における駐留軍用跡地の有効かつ適切な利用に関する特別措置法として跡地利用推進法があります。仲井眞県政において跡地利用の制度が前進したと言われています。それはどのような事情だったのですか。

仲井眞　沖縄の基地問題を考えるに当たって、地主の利益を最大限に守ることは行政の責任であると言えます。沖縄の米軍基地は本土と違って民有地の割合が非常に大きいのです（本土12・6%、沖縄39・6%）。ほとんどの地主は進んで土地を差し出したのではありません。基地の整理縮小を求めると同時に、地主に対する手厚い手当が必要です。「軍転特措法」と「沖縄振興特別措置法」によって地主への手当はかなり改善されていましたが、ＳＡＣＯ（沖縄に関する特別行動委員会）や米軍再編によって大規模な米軍基地の返還が予定されると、県や市町村が行う再開発計画と地主の権利を長いビジョンで調整する法律の整備が必要になってきました。

私は知事に就任し２０１１（平成23）年に、このような問題の解決を政府に求め、市町村や軍用地主会と協力して「駐留軍用地跡地推進法（仮称）」の案を政府に提出しました。そして翌年「沖縄における駐留軍用地跡地の有効かつ適切な利用に関する特別措置法」（跡地利用推進法）として実現を見たのです。

この法律では、土地の先行取得にかかる特別控除は５０００万円まで引き上げられました。また、地主への給付金も跡地が使用収益を開始するまで継続される制度が強化されました。

さらに、環境汚染や、不発弾が出た場合の行政の責任も明記されました。

普天間飛行場を含む、大規模な土地返還が日米で合意されており、沖縄の未来を考える上で、軍用地地主への手当は極めて重要です。丁寧に政府に現状を説明し、改善を求めることは県行政の責務です。

いわゆる護憲・反安保の立場に立つ人々はこのような政策にあまり関心がないように見えます。多くの軍用地主の方々が政治的に保守系というのは、そのへんに原因があるのでしょうね。政府には今後も軍用地主への十分な配慮を行って欲しいと思います。

●ポイント解説

原状回復まで収益保証する跡地利用法整備

沖縄における基地問題は、米軍の活動による被害をいかに防ぐかとの問題にとどまらない。広大な民有地が米軍基地として提供されており、政府の立場にとっても地主への適切な手当は、日米安保条約に基づく米軍の安定的な駐留のため不可欠である。

本土復帰以前、米軍が不要として民間に返却した土地への保証制度は存在しなかった。基地として使われた後の原状回復や、万が一汚染物質が残されていた場合の処理、そして米軍側の一方的な都合で収入源を断たれる地主への手当は一切配慮されていなかったのである。また、このことは跡地の利活用計画が進まない要因とされていた。

県は１９７８（昭和53）年以来、軍転特措法の制定を政府に要求していた。そして１９９４年に至って、議員立法の形で「沖縄県における駐留軍用地の返還に伴う特別措置に関する法律」（軍転特措法）が制定された。

法の内容は、政府による返還3年前の通知義務を定め、政府はその見通しを通知し、返還実施計画を定め、原状回復措置を行い、返還から3年間は所有者に対し給付金を支給することが規定された。

しかし、現実の基地返還に当たっては、汚染物質の除去に日時を要し、原状回復に3年以上かかるといった事例が生じた。都市計画等によっては、計画が実施される前に3年が経過し、地主は給付金が切れ、無収入になってしまう事態も見られた。

この事態に対し政府は「沖縄振興特別措置法」に跡地利用に関する新しい方針が盛り込まれ、返還後3年を超えても使用収益が無ければ一定の期間給付金を支給するとの制度改善が行われた。

それでも、返還跡地の原状回復、再整備、土地収益の確保に当たっては、公共機関が土地を取得する場合の控除額が少ないこと、都市計画等の策定に長時間を要し、土地が収益を上げるまでに「一定の期間」が経過し、給付金が切れてしまうとの問題が残った。

そのほか、不発弾対策等、地主の権利を最大限に認める新たな法制度の整備が求められていた。

4　安全保障環境と防衛

注目される日米関係と中国の動向

――２００６（平成18）年12月から２０１４年（平成26）12月まで任期8年間、国内では自公政権から民主党政権そして再び自公政権へ、米国ではブッシュ大統領からオバマ大統領へ、ロシアではメドヴェージェフ大統領からプーチン大統領へ、中国では胡錦涛《こきんとう》政権から習近平《しゅうきんぺい》政権へ、北朝鮮では金正日《キムジョンイル》政権から金正恩《キムジョンウン》政権へ、台湾では馬英九《マーインチウ》政権から蔡《ツァイ》英文《インウェン》政権など日本はじめ関係諸国で政権が変わり、日本を取り巻く安全保障環境も大きく変化する時期でしたが、県知事として、安全保障、防衛面で一番取り組んできたことは何ですか。

仲井眞　安全保障という面から言えば、一番は、やはり普天間飛行場の移設問題でしたね。就任の年の２００６年に日米両政府が合意した「再編実施のための日米のロードマップ」には、在日米軍のプレゼンスの確保また抑止力の維持を前提に８千人の海兵隊が沖縄からグアムへ移転することが示されていました。そこで、沖縄では普天間飛行場の移設は辺野古崎と決まっていましたが、海兵隊が沖縄から国内のほかの都道府県に移転した場合、軍事的なプレゼンスや抑止力が損なわれるのか、グアム移転でもいいのではないかとの議論がありました。稲嶺知事時代は、県内移設を「苦渋の選択」として容認していましたので、普天間飛行場の危険性除去と基地の整理縮小の立場から辺野古崎移設を容認していました。

　しかし、２００９年に民主党に政権が交代し、当時の鳩山由紀夫首相が、移設先について「国外、最低でも県外」を言明しましたね。総理大臣が「国外、県外」と言うのだから、沖縄県知事として「県内」と言うわけにはいきませんよ。自民党沖縄県連も「県外」に態度を変えました。そうしたら半年して「勉強すればするほど、沖縄の海兵隊の抑止力が分かった」と、辺野古容認に態度を変えたわけです。菅《かん》直人首相、野田佳彦首相に代わり、何人もの防衛大臣が沖縄に来ましたけれど、「県外」から辺野古崎移設に代わった理由を明確にした人はいませんでした。12年に第２次安倍政権が誕生して普天間飛行場の危険性除去、基地の整理縮小の立場で辺野古移設が本格化しました。

その間、民主党政権時代には、中国の習近平体制の下で、２０１０年当初から中国漁船による尖閣諸島（沖縄県、石垣市）周辺への領海侵入が増加しました。同年９月７日には中国漁船が警備に当たった海上保安庁の船に衝突する事

沖縄県知事として上空視察した尖閣諸島・魚釣島

件がありましたね。中国政府は「尖閣諸島は中国固有の領土」という主張を根拠に北京在中の丹羽宇一郎大使を呼び出し、船長・乗組員の即時釈放を要求、当時の菅首相は船長と乗組員を一時拘留したものの不起訴処分で送還するという経緯がありました。その後、2012年8月にも香港の「香港保釣行動委員会」のメンバーらが尖閣諸島に上陸する事件がありました。民主党政権の中国に対する弱腰外交と言わざるを得ませんでしたね。そうした民主党政権の中国寄りの外交姿勢に対して米国が不信を抱き、日米関係悪化の一つの要因になったのではないかと思います。

――日本にとって安全保障といえば、日米安保条約に基づく日米同盟関係が重要で、仲井眞知事は、米国政府、官僚、シンクタンクなどとの交流、情報交換を頻繁に行いましたが。

仲井眞　米国には何度も足を運びました。知事として初めての訪米は、麻生首相時代の2009年1月、ブッシュ大統領からオバマ大統領になる直前です。新政権に予定されている国務省、国防総省などの要人と面談し、次期政権に沖縄の存在を印象付けるのが狙いでした。在沖米軍の現状、地位協定の見直しや米軍基地の整理縮小など沖縄の正確な情報と要望を伝えようと考えたのです。当時どれほどオバマ大統領に伝わったか分かりませんが、タイミングが良く、ジョージ・ワシントン大学のマイク・モチヅキ氏などと有益な会談ができ、良き話し仲間ができました。鳩山由紀夫首相に変わった２００９年11月にも訪米しました。

また、二期目の２０１２年10月、ワシントンで県主催のシンポジウムを開催したことがあります。オバマ政権の外交と国防専門家やシンクタンクの研究者を前にして、「日米同盟の深化における沖縄の役割」と題して講演、その時も沖縄の現状、要望を訴えたと記憶しています。

しかし、沖縄の声が大統領まで届いているかどうかは疑問でして、当時は直接オバマ大統領あるいはヒラリー国務長官に会おうと思っていたのです。ある時、ヒラリー長官との面会の道筋はついたのですが、国務省が事前に面会理由と内容を知らせて欲しいと通達があったので、直接会って沖縄の事情を伝えるのが筋だと言って、こちらから断った経緯もあります。いずれにしても、日本政府とは別のルートを作って米政権に直接訴えて、米国から日本政府に話をしてもらう計画をしていました。辺野古移設問題でも、防衛省や外務省は沖縄の要望を聞いてはくれたが、納得できるような対応でないと感じた部分もあった。

だったら、米国から沖縄の話を通してもらうことが現実的だと考えたのです。

――同盟関係にある米国と隣国中国との関係について、日本の民主党政権時代は、日米中等距離外交、正三角形外交と言われた外交政策がありましたが、日米中関係を知事としてはどう考えていましたか。

仲井眞　当時、日本は対中貿易が増加し、経済界が親中国に傾いていた時期でしたから、日米中等距離外交という外交政策も理論上は成り立ったでしょう。しかし、軍事力、経済力という観点から見て、軍事的パワーの乏しい日本にとって、当時軍事力を増大させていた習近平体制と軍事的、経済的に接近するのは危なっかしいし、現実的ではないと思いました。当時も経済力はある意味では安全保障の問題でしたから。やはり、同盟国である米国との関係を軸にして外交を展開していくのが現実的ではないかと思いました。

　しかし、米国一辺倒の軍事外交姿勢もどうかと思いました。戦後の日本占領政策を見ても日本は米国から一方的に押し付けられてきました。１９５１年の日米安全保障条約がそうでしたし、１９６０年の安保改正で対等になったと言われていますが、１９７０年以降も米国からの要求ばかりを受けて日本側からの要望を聞かないような米国の現状からみて、１００％米軍の軍事力に隷属するのも現実的ではないと思った。知事時代、在沖米軍の軍人、軍属による事件事故が多発しまして、在日米軍司令部の横田基地に行って、沖縄での事件事故の現状を訴え、対応して欲しいと要望しましたが、中間クラスの軍人から「日米同盟で俺たちが日本を守っている」と上から目線の対応を受けて、これが日米同盟の現実なのかと知らされたことがありました。

　現憲法下の日本の防衛を見ると、相手が攻撃してくるまで反撃できないことになっているし、軍事大国の攻撃に対抗できる国防力が乏しい。その意味で、沖縄の知事として、日本が米国にモノが言えるような軍事パワーを持つべきだと思っていました。日米安保条約に基づく日米同盟関係は、軍事力の大きさから言って、決して対等とは言えない。少なくとも日本が米国に対して補完する立場でバランスの取れた同盟関係が必要です。社会福祉政策重視で国防にそれだけの予算が取れないのが実情でしたでしょうが、日本独自の自立自尊の防衛、外交政策をとれるようにするには、国防力増強にもっと予算を投入すべきだと痛感していました。

●ポイント解説

日本の安全保障上、沖縄には一定の役割がある

「国際情勢は県民の意思に関わりなく緊張していると認識しており、沖縄は一定の役割を果たさなければなりません。しかしながら過重な基地負担は不公平であり、全国の問題として軽減されるものと考えております。いずれも重要な政策課題であり、いかに県民の利益を考え実行するかであります」

２０１３（平成25）年12月27日、沖縄県知事公舎。普天間飛行場代替施設建設事業にかかる公有水面埋立承認申請に関する記者会見の最後の部分で仲井眞はこう語り、当時の国際情勢の中で在沖米軍基地の役割と普天間飛行場の危険性除去の必要性を強調した。

記者会見の場は、知事が何を言うか緊張した雰囲気が漂っていたが、その一方で仲井眞知事を批判しようという「殺気」が感じられた。その場に集まった記者たちの質疑応答では、基地移設に反対する県民の「世論」に対して、なぜ知事が公有水面埋め立て承認をしたかという質問が相次いだが、沖縄を取り巻く国際情勢と在沖米軍基地の役割、普天間飛

行場の危険性除去に関する質問はほとんどなかった。知事にしてみれば、埋め立て承認問題は行政上の手続きであり、日本の安全保障環境の中で沖縄の果たすべき「一定の役割」があることを理解してもらうという会見内容は、安全保障の一部を担う沖縄県の知事として勇気ある発言だった。仲井眞は、「沖縄21世紀ビジョン基本計画」を策定する一方で、基地に関連した安全保障問題にも意識を注いでいたのである。

沖縄を取り巻く安全保障環境問題で、仲井眞の関心は、中国の政治・軍事動向だった。仲井眞が30年程前、福建省を訪れた時に実感した頃と、知事に就任した時では全く違っていたからだ。

尖閣諸島を知事として初めて視察

中国との安全保障問題といえば、沖縄県にとって見逃すことができない課題が、魚釣島《うおつりじま》や久場島などからなる石垣市に属する尖閣諸島問題だった。

仲井眞は２００６年12月に就任早々、那覇の陸海空各自衛隊の司令たちとの食事の席で「尖閣に連れて行ってもらえませんか」と話をしたという。「尖閣諸島が沖縄県にある以上、知事として視察して当然じゃないですか」と何の衒《てら》いもない。翌年3月13日に航空自衛隊の多用途支援機U-4で上空を視察することになっていた。当時、地元紙が「知事、尖閣を上空視察へ」と報じると、中国の駐福岡総領事館から視察中止を求める抗議文が県に届いただけでなく、自民党幹部からも「時期を見合わせて欲しい」との連絡があった。それでも仲井眞は「行くつもりです」と要求を突っぱねた。しかし、「あいにく嵐みたいな悪天候でその時は行けませんでした。でも後になって行きました」と振り返る。

仲井眞が実際に尖閣を上空視察したのは、4年後の２０１１年4月。「確か4月19日だったか、那覇空港から海上自衛隊の哨戒機P-3Cに乗って上空から視察しましたよ。この時は、事前に情報が漏れないように実行しました」。仲井眞が尖閣諸島の上空視察を公表したのは11カ月後の県議会での答弁だった。沖縄県知事として尖閣諸島を視察したのは、仲井眞が初めてで、「知事の有言実行の強いリーダーシップの象徴」（仲井眞県政の元幹部）でもある。翁長、玉城デニー両知事は尖閣諸島の視察はしていない。

防衛力アップと質の高い外交力

　仲井眞の安全保障についての持論は、「防衛力アップ」と「強力な質の高い外交力」である。「戦闘能力と戦争は違う。戦争を避けるためにも、軍事パワーが必要です」「国際情勢、歴史的に見ても、戦争反対、平和賛成と言うだけで戦争が起こらなかったことはない」と指摘する。どの国も国益を守ることは最重要課題だが、戦争を避けるための手段としての「防衛力」が必要なのである。日本の安全保障環境は、日米安保条約による日米同盟が主軸であり、将来の日本の防衛を考えると、現憲法上の制約はあるものの、防衛力を強化することが必要との見方をしている。しかし、１００％米軍の軍事力に隷属《れいぞく》するのも現実的ではないとの見方をするのである。

　現憲法下の日本の防衛を見ると、相手が攻撃してくるまで反撃できないことになっているし、軍事大国の攻撃に対抗できる防衛力が乏しい。その意味で、中国や台湾の前線基地がある沖縄の知事として、日本が米国にモノが言えるような防衛力を持つべきだとする。日米安保条約に基づく日米同盟関係は、決して「対等」ではないと断言。「日本が米国に対して補完する立場でバランスの取れた同盟関係が必要だ」と「バランス」を強調した。

「国防予算もＧＤＰの１％にとらわれることなく、どんどん増額したらいいのではないか」という仲井眞は、国防政策面でも沖縄独自の「自立自尊」の精神を貫いていた。「しかし、戦争をしたらだめです」と力説するのである。

また、日米同盟を背景に隣国の中国、韓国はじめ、東南アジア諸国、オーストラリア、インド、中東諸国、欧州、ロシアなどあらゆる国のリーダーとの良好な関係を保つことが日本の役割でもあると指摘する。

「外務省には日本の国益を守るだけの強くて総合的な外交力があるかといえば、疑問である」という仲井眞は、「外交官試験を合格して官僚になった外交官だけでなく、優れた財界人、優秀な学者、文化人などをもっと幅広い領域から外務省は外交官として登用してはどうか」と提案する。

「地域外交」に力を入れた

沖縄県自らが沖縄を取り巻く安全保障に関する認識を深化させることも沖縄が抱える課題と捉え、行政の立場から基地問題も、その背後にある安全保障の現状を認識することが重要と仲井眞は考えていた。このため、知事時代に基地問題を所轄する知事公室に地域安全政策課の部署を新設。数人の若手専門家を採用し、研究に当たらせた。日米の安全保障政策や在沖米軍基地の運用の方向などについて情報収集を行い、沖縄の立場に立って意見や提案ができる体制を整えたのである。

また、県主催の「地域安全政策フォーラム」を何度も開催し、日本や米国、中国、台湾、韓国などから安全保障や防災関係の専門家を招き、共通認識の形成を図るとともに、沖縄の役割を発揮しようと努めた。仲井眞が言うところの安全保障における「沖縄の一定の役割」を果たそうとしたのであり、そうした活動を通じて県民の負担軽減に努めながら県独自の「地域外交」に力を注いだのである。

「日米安保体制の維持には沖縄の社会的、政治的、経済的安定が必要である」

仲井眞は２００７年2月13日、知事就任後初めての2月定例県議会で所信表明し、「経済の自立なくして沖縄の自立なし」と産業振興に取り組む強い決意を述べるとともに、基地問題を含めた安全保障上の課題についても、普天間飛行場の危険性除去と基地の整理縮小などを日米両政府に強く求めていく外圧に屈しない沖縄の「自立自尊」の姿勢を表明した。県と県民のために、仲井眞はその姿勢を知事在任の8年間貫いたのである。

あとがき

マンモス組織動かした非凡な指導力

知事経験者の仲井眞弘多は、さすがに頭脳明晰、抜群の記憶力をもってインタビューに応じた。緑内障の影響か、視力の低下が認められた以外は健康そのもの、声の調子はとても80歳とは思えないほど若い。

「自立自尊であれ」とした本書の表題も気に入ったようで「さあ、何から始めましょうか」と、テーマ毎の質問にてきぱき応え出した。「平成」の元号が「令和」に改まった頃だ。

ただ、２０１９年末から年が明けた20年にかけて、沖縄は災害、災厄が相次いだ。

首里城火災、豚コレラ（豚熱）、新型コロナウイルスの襲来である。「今の県政は流れが良くない」と不安を感じるのは単なる思い込みではないはずだ。実際、２０２０（令和

2）年6月の沖縄県議会議員選挙（定数48）では、普天間基地の辺野古崎移設を明確に容認する野党・保守勢力が議席を伸ばし、与野党伯仲状態が生まれている。

本書編成の事情を言えば、原稿が出揃って一回目のゲラ刷りが上がった２０２０年4月、世界は新型コロナウイルスのただ中にあった。世の中、何もかも順風満帆にはいかないと見え、好調にきていた沖縄経済は一転して、危機的状況に陥った。執筆陣は無念の思いを抱え、原稿を一部書き直した経緯がある。

「コロナ以後」の沖縄社会はどうなるのか。正直、重苦しい未来しか想定できない。

そこで思い起こすのは、政府の沖縄振興予算が低迷して給与カットにまで追い込まれた沖縄県庁で、職員を叱咤激励して県益を守り抜いた仲井眞県政の奮戦ぶりだ。

県庁組織は、知事部局だけで４０００人以上の人員を擁し、教職員や警察官を含めると、2万人を超すマンモス組織である。

県庁の元幹部によれば、知事の仲井眞は、類い稀な指導力でマンモス組織をしっかりまとめ、「沖縄振興＝県民利益のために」——という目的意識を全員が共有する中で難局を突破していった。

本庁の課長職全員との個別面談や、毎週欠かさなかった部局長クラスの幹部会議など

「過去のどの知事とも異なった運営方法」（元幹部）で組織戦力を有効に動かし、「沖縄振興」という強固な政策目標を掲げて県民の利益擁護に全力を傾けた。

　本文中に詳しいが、「仲井眞流」の非凡な組織掌握術と、高い交渉能力を背景にして沖縄振興予算はＶ字回復を成し遂げ、県民生活に直結する経済政策が実を結んだ。

　翁長県政はかつて、「基地問題に（県庁の）労力の８、９割を費やしている」と公言したことがある。これに対し仲井眞は「基地反対だけのために県庁があるのではない。もっと職員を有効に活用することこそ県民の利益につながる」と指摘した（文藝春秋　２０１８年４月号）。

　革新諸派に支えられた県政の場合、経済振興策などで行き詰まると、「基地問題」にかこつけて何かと責任をすり替える傾向にないか。責任の自覚を伴う「自立自尊」の仲井眞県政とは、相容れない思考・行動様式である。

　本書は、県庁ＯＢとメディア関係の５人がひとつのチームになって、全編を仕上げた。チームの名称は「ＯＸ（牡牛）メンバー」という。沖縄伝統文化の一翼を担う「闘牛」をイメージして、「ＯＸ」と名付けた。

　あくまでもチーム全体の共同作品と位置づけており、このため、ここではライター個々人の筆名＝ペンネームは公表しない。内容の評価については当然ながら、賢明な読者諸氏の判断に委ねる。「まえがき」に記した通り、時代背景を挟みつつ、仲井眞県政の主要な実績と、仲井眞弘多の人間像を描いたのが本書だ。読む者の胸に「ストン」と落ちる文章表現を心がけた。

本書を書き進める上で、仲井眞県政の現場が書き込まれた『沖縄問題――リアリズムの視点から』（高良倉吉編著／中公新書）が大きな手がかりを与えてくれた。調査、取材から出版までご協力いただいた関係者の方々全てに深く感謝申し上げたい。なお、一部を除いて本文中の敬称は省略した。

と、書き終えたところで、ビッグニュースが舞い込んできた。11月3日、国の叙勲で最高位の旭日大綬章を仲井眞弘多が受章したのである。「自立自尊であれ」と沖縄社会を力強くリードした仲井眞県政の実績が公に評価された証しだ。読者とともに喜びたい。

2020年　秋

参照資料

〈書籍〉

『沖縄イニシアティブ―沖縄発・知的戦略―』大城常夫・高良倉吉・真栄城守定著（おきなわ文庫）
『沖縄問題―リアリズムの視点から』高良倉吉編著（中公新書）
『沖縄現代史　米国統治、本土復帰から「オール沖縄」まで』櫻澤誠著（中公新書）
『他策ナカリシヲ信ゼムと欲ス』若泉敬著（文藝春秋）
『空手の歴史』宮城篤正著（おきなわ文庫）
『普天間の謎―基地返還問題迷走15年の総て』森本敏著（海竜社）
『内閣総理大臣の沖縄問題』塩田潮著（平凡社新書）
『翁長知事と沖縄メディア―「反日・親中」タッグの暴走』仲新城誠著（産経新聞出版）
『批判する／批判されるジャーナリズム』大石裕著（慶應義塾大学出版会）
『遙かなる星の彼方に』伊佐常喜著（自家本）

〈論文、雑誌・新聞記事〉
『沖縄の観光と経済―14年の沖縄生活からみた光と影』大角玉樹 論文（平成22年、琉球大学観光産業科学部教授）
コミック『語やびら万人《うまんちゅ》』
雑誌『青い海』（１９７８年２月号）
雑誌『文藝春秋』（２０１８年４月号）
琉球新報（昭和15年７月１・２日、11日、平成23年９月20・21日）
宮古毎日新聞（平成23年１月１日）

〈公的刊行物・資料〉
伊良部村誌
県議会議事録（２０１４年１月）
防衛白書（２０１１年版）、同（２０１３年版）
沖縄県企画部企画調整課　沖縄21世紀ビジョン基本計画（平成22年３月、平成24年５月）
同　沖縄21世紀ビジョン実施計画（平成24年９月）

同　沖縄21世紀ビジョン基本計画等総点検報告書（令和2年3月27日）
同　沖縄21世紀ビジョン及び沖縄県人口増加計画（平成28年）
平成26年度地方公営企業年鑑

9．真の自立に向けた社会資本・産業基盤の整備（地方創生フロンティア沖縄）

①南部から北部まで約１時間の南北縦貫鉄軌道、東海岸ＬＲＴ等新交通支線などの導入で渋滞解消

②那覇空港の国際旅客・物流ハブ空港化、県内港湾の整備拡充

③北部・中部・南部・宮古・八重山の発展基盤の重点整備で地域創生

10. 真の自立に向けた社会体制の確立（地方自治フロンティア沖縄）

①市町村一括交付金の特別枠を倍増（広域、大型事業対応）

②沖縄の地域特性に対応した市町村自治を拡充

③沖縄21世紀ビジョン後期計画を想定した新たな法体制等の検討

11. 地域の活力を沖縄の成長の柱に（地域の元気応援プロジェクト）

6．ウチナーンチュの誇りを次世代に（文化・スポーツフロンティア沖縄）

①世界に向けて「沖縄の文化的活力（ソフトパワー）」を発信

②2020年東京五輪・パラリンピックに沖縄県出身選手の参加実現のため選手の育成、強化

③世界のウチナーンチュとの連携強化を図る万国津梁基金の創設

7．沖縄らしい自然を残し、復活させる（自然・環境フロンティア沖縄）

①奄美・琉球諸島の世界自然遺産登録を推進

②自然環境の再生、全島緑化、海域環境・サンゴ礁等の再生

③地球温暖化防止対策、低炭素都市づくりの推進

8．平和の発信と基地問題の解決、負担軽減、跡地利用（平和創造フロンティア沖縄）

①平和を希求する沖縄の心を世界に発信し、世界の平和構築に貢献

②１日も早く普天間基地の危険性の除去を実現

③県外移設を含むあらゆる手段で沖縄の過重な基地負担を全国に分散し解消

④嘉手納より南の基地の前倒し返還、跡地利用で沖縄を日本のフロントランナーに

３．いつまでも暮らし続けられる島へ（離島・過疎地域フロンティア沖縄）

①離島住民の交通コストの低減、飛行機が新幹線並みに、船がJR在来線並みにする

②医師確保基金を創設し、離島・北部地域の医師の安定確保に取り組む

③若者が島に戻れるよう、地域振興による雇用創出、若者起業支援制度の創設

４．経済の好循環に向けたフロンティアを創設する沖縄へ（国際経済フロンティア沖縄）

①観光、情報産業、国際物流、に並ぶ新たなリーディング産業の創設

②県内産業、中小企業のイノベーションと発展を徹底的に支援

③農業の６次産業化等フロンティア型の農林水産業の振興

５．国家戦略特区で世界水準の国際観光・リゾート地域を形成（国際観光フロンティア沖縄）

①観光客1,000万人超、観光収入１兆円を目指す

②２万人規模の大型MICE施設の建設

③2020年東京五輪・パラリンピックに向けた各国の代表団、代表選手・チームの強化合宿地の誘致

三期目の選挙公約（平成26年11月）

■なかいまビジョン11の実施政策

1．安心して子どもを産み育てる沖縄へ（子育て・女性活躍フロンティア沖縄）

①全国並みの完全失業率、非正規雇用から正規雇用へ

②県民所得全国中位を目指す

③女性が安心して活躍できる日本一の女性活躍社会を実現

④子育て日本一、子どもの貧困対策を推進、５年間で待機児童ゼロの実現

⑤子どもの学力全国上位を実現、給食無料化を目指して教育負担を軽減

2．いのちと暮らしの安心・安全を守る沖縄へ（安心生活フロンティア沖縄）

①2040年度までの男女とも１位に、長寿日本一を復活

②西普天間住宅地返還跡地に高度先進国際医療拠点を形成

③巨大地震・津波・超大型台風など大規模災害対策の強化

に移転

⑷MV-22オスプレイの訓練移転

②キャンプ・キンザーの７年以内の先行返還と跡地利用の促進

③西普天間返還跡地に国際医療機関拠点の形成

④嘉手納基地より南の基地返還に向けた総合計画の実施（平成25年４月）

⑤新たな駐留軍用地跡地利用推進法を制定

⑥環境に関して日米地位協定を補足する新たな政府間協定の追加（日米地位協定発効後50年を経て初の取り組み）

⑦日米地位協定の運用改善

⑧嘉手納飛行場からの一部訓練の移転（平成18年度から）

⑨ホテル・ホテル区域（海域）の一部使用制限解除合意（平成25年10月）

⑩認可外保育所への防音工事の実現（平成25年度から）

※１　その後、辺野古移設を巡って革新県政と国の対立が続き実現していない。

6．市町村へ３年間で916億円の沖縄振興一括交付金を配分

着手

⑫西海岸道路、那覇空港自動車道など基幹道路網の整備実現

4．平成24年以降、沖縄振興特別措置法の改正により沖縄振興予算、特区制度がこれまでにない水準に拡充

①沖縄21世紀ビジョン基本計画を策定（平成24年5月）

②沖縄振興予算をV字回復、平成26年度は3,460億円台確保

③沖縄振興予算を令和3年度まで3,000億円台確保

④沖縄県予算は史上初の7,000億円台超（平成26年度）

⑤沖縄振興一括交付金800億円の創設、市町村に毎年300億円を配分

⑥全国に例のない水準の特区制度で所得控除、投資税額控除等の税の優遇措置

5．これまで成し得なかった基地負担の軽減を実現

①世界一危険な普天間飛行場の危険性除去への取り組み

⑴普天間飛行場の5年以内の運用停止（※1）と返還後の跡地利用の促進

⑵普天間飛行場負担軽減推進会議の設置

⑶普天間飛行場のKC−130空中給油機を岩国基地

⑵本土への輸送コストを補助
⑶新規就農者への支援・充実
⑷沖縄ブランドの開発・強化

3．これまでにない社会経済基盤の整備拡充の実現
①那覇空港第２滑走路が「2020東京五輪」までに完成（令和２年３月供用）
②那覇空港の新国際線・連結ターミナルビル、LCCターミナルビルの整備供用
③クルーズ船バース、専用ターミナルビルの整備供用
④全日空国際物流拠点の整備運用（12路線、那覇空港の貨物取扱量国内３位）
⑤ロジスティクスセンター（空、海）を整備（空＝平成27年度、海＝30年度供用）
⑥航空機整備拠点の整備（平成28年度供用）
⑦クラウドデータセンターの整備（平成27年度供用）
⑧首都圏とアジアを結ぶ光ケーブルの整備（平成27年度供用）
⑨都市モノレールの延長（西原入り口まで平成31年開通）
⑩鉄軌道の開通に向けた事業計画の策定（平成27年度）
⑪２万人規模の大型MICE施設の建設・整備計画へ

⑹障害のある人も共に暮らしやすい社会づくり条例の制定
⑺沖縄県がん対策推進条例の制定

②離島の活性化
⑴離島交通コストを低減、離島の航空路利用者が1.5倍に増加
⑵16離島航路の船舶建造支援（平成33年まで）
⑶高校のない離島生徒のための寄宿舎整備
⑷島民の生活コスト、農林水産物の物流コストの低減
⑸新宮古病院、新八重山病院の整備（平成30年度開院）
⑹新石垣空港の供用開始、伊良部大橋整備（平成29年１月完成）

③教育、人材育成の充実
⑴全国学力テスト最下位脱出、小学校総合全国24位へ躍進
⑵海外留学者数を３倍増（平成23年80人から平成25年268人へ）
⑶各種産業人材の育成（福祉・介護、IT推進）

④農林水産業の充実
⑴農林水産業興予算が過去約３倍に大幅増

一〜二期（平成18〜26年）８年間の主な実績

１．沖縄経済をかつてない水準へ活性化

①完全失業率が21年ぶりに５カ月連続４％台（平成25年10月〜26年２月）

②有効求人倍率が0.74倍（平成26年８月）と復帰後過去最高値達成、全国最下位脱出

③観光客数が過去最高の658万人を突破、２年間で100万人増（平成25年度）

④企業の景況感が22年ぶりの二期連続「＋20」超の高水準

⑤情報関連企業の立地301社、雇用者数2万4,869人（平成25年）

２．県民生活をこれまでにない水準へ充実

①子育て環境など福祉の充実

⑴待機児童の５年以内の解消に向け30億円基金を創設

⑵健康長寿日本一復活、人口増加計画を策定し県内人口200万人プランの推進

⑶認可保育所を46施設、入居児童数8,300人増達成

⑷認可外保育所の運営費等の助成を約４倍に拡充

⑸県立病院の経営再建、医師、看護師、リハビリ職員440人増員

①総合的な学力向上対策を推進
②伝統文化を大切に保存し、子供・孫たちへしっかりと継承
③文化遺産の保護
④J1サッカー場の整備、空手道会館の建設
⑤アジア諸国に「留学・研修1000人」計画を推進

10. 社会資本・産業基盤の整備
①那覇空港の第2滑走路沖合展開と国際線ターミナルビルの整備を図り、競争力のある国際空港化を目指す（国際物流ハブ化）
②西海岸道路、那覇空港自動車道路網を整備
③都市モノレールの延伸
④全県ブロードバンドの推進と国際情報ハブ拠点の形成

11. 地域主権の確立と執行体制の強化
①沖縄21世紀ビジョンの実現に向けて組織体制を構築
②沖振法の恒久化となる「沖縄新法」の制定と沖縄振興一括交付金の獲得を目指す

を図る
③本島と同じようなサービスが受けられるユニバーサルサービスを実現
④航空路の確保と運賃の低減化

6．保健医療の充実と健康福祉社会の実現
①お年寄りが元気で生き生きと暮らせる沖縄づくりと健康長寿世界一に再チャレンジ
②医師確保を図るとともに医師の負担軽減に取り組む
③地域全体で子供を育てる環境づくりと待機児童ゼロに向けた取り組みを強化

7．沖縄らしい自然環境の保全と循環型社会の形成
①沖縄版グリーンニューディール政策を策定
②全島緑化を引き続き推進
③サンゴ礁の海創世プロジェクトに取り組む

8．国際交流・協力の推進と地域外交の展開
①沖縄科学技術大学院大学を中核にした科学技術の振興を全面的にバックアップ
②「世界のウチナーンチュ大会」「太平洋・島サミット」沖縄大会を成功させる

9．人材育成と文化・スポーツの振興

2．国際的な観光・リゾート地の形成

①観光客1,000万人、外国人観光客100万人を目指す

②付加価値の高い観光産業の育成等により、「国際観光都市」を目指す

③魅力ある観光産業の推進

3．雇用の安定と生活の安心

①雇用を拡大し、完全失業率の全国平均化を達成

②「沖縄県雇用対策」の創設

③総合就業窓口の充実

④女性の再就職を支援

4．基地問題の解決と跡地利用の促進

①一日も早く普天間基地の危険性を除去

②「日米共同声明を見直し、県外移設の実現」を政府に強く求める

③嘉手納より南の基地返還、海兵隊要員のグアム移転、基地の整理縮小に取り組む

④駐留軍用地跡地利用促進法の制定を求め、基地跡地利用計画を策定

5．離島振興と過疎地域の活性化

①離島定住条件の整備を図り、人口の増加および雇用を拡大

②離島・過疎地域の医療確保を推進し、医療の充実

②サンゴ礁の保全再生
③暴風・防潮林の整備

14. 行政力おきなわ—行政運営力を高め、県民満足度の向上、行政サービスの強化を図る。
〈主な実績〉
①県財政健全化へ向けた「沖縄県行財政改革プラン」の策定による財政効果452億円達成（平成18～22年度合計）
②人事・給与制度の改革で710名削減（平成18～22年度）

二期目（平成22～26年）の主な実施政策

1．産業の振興と経済の活性化
①県民所得の全国中位を目標にあらゆる産業を振興
②沖縄の比較優位を活かした「成長のエンジン」を構築
③国際貨物ハブ化臨空・臨港型産業等を集積し、国際物流拠点化を推進
④健康・バイオマス産業を推進し、科学技術研究拠点の形成
⑤健康・観光産業と連携した「ウェルネス産業」などの創出

学院大学の設置推進
②おきなわインターナショナルスクールの設置
③国際的な人材交流の促進を実施

11. 人材力おきなわ—世界に誇れる宝となる人材を育成する。毎年100人の学術・語学留学生を派遣し、国際化時代を担う人材を育成。

〈主な実績〉

①世界で活躍できる優秀な人材づくりに向け、海外留学派遣者大幅に増加。海外留学派遣数65人（平成21年度）から98人（平成22年度）に増加

12. 教育力おきなわ—教育の充実やスポーツを振興し、世界に羽ばたく青少年の育成。小学校で１クラス30人学級の導入。小学校から実践的な外国語教育を推進。

〈主な実績〉

①小学校における１クラス30人学級を実施
②全国インターハイ（高校総体）の誘致・開催を実現
③プロ野球10球団の誘致と公式戦開催が実現

13. 自然力おきなわ—自然災害防止力を高め、世界の宝である自然環境を次の世代に残す。

〈主な実績〉

①全島緑化へ向けた県民会議の設置

③小規模離島航空運賃低減のため約５億円を投入
④離島における地上デジタル放送対策と高度通信事業の整備
⑤「美ら島ブランド」の展開と離島の活性化、人材育成を推進
⑥新石垣空港整備事業を着実に推進
⑦伊良部大橋架橋の整備

9．文化力おきなわ―沖縄の伝統文化を継承・発展させ、世界に発信。世界遺産、重要文化財の保護・整備、世界に誇れる沖縄の空手を積極的支援。国際アジア音楽祭の開催、「ミュージックタウン」づくりを支援し、若いミュージシャンを発掘・育成。

〈主な実績〉
①沖縄特有の文化を世界と共有することを目指して、沖縄国際アジア音楽祭の開催、沖縄空手古武道世界大会を開催
②伝統芸能公演の開催

10．国際力おきなわ―世界に貢献する平和な海洋国際都市を目指す。沖縄科学技術大学院大学（OIST）の早期開学と同大学を核とした国際学術研究・交流拠点の形成。国際コンベンションアイランドの形成を推進。

〈主な実績〉
①ベスト・イン・ザ・ワールドの沖縄科学技術大

女性副知事、女性管理者の積極的な登用、各種委員会等への女性の参画。シングルマザーなどの就労支援。

〈主な実績〉

①子育てママの就業支援プログラム事業の実施

②女性副知事の登用

③男女共同参画行政推進本部において全庁的に女性委員の登用

7．健康、医療・福祉力おきなわ━長寿世界一復活のアクションプランを策定し、「健康・福祉立県」実現の推進。チャレンジット（障害を持つ人）の自立と社会参加への取り組み。

〈主な実績〉

①長寿世界一プロジェクトに向けた「健康おきなわ21計画」を実施

②県立病院の経営健全化に向けた取り組み

8．離島力おきなわ━離島・過疎地域のユニバーサルサービスを。航路補助を強化し交通アクセス網の確保。医療情報システムの構築、ドクターヘリの導入。

〈主な実績〉

①ドクターヘリ事業の導入による離島の医療不安軽減

②離島・へき地の医師確保のためドクターバンク事業を実施

ハブ」化、「アジア・ゲートウエイ」構想などの着実な推進

4．解決力おきなわ一県民の立場に立ち、「県益」を踏まえた基地問題の解決。米軍基地の整理縮小、日米地位協定の抜本的な見直し、普天間飛行場の危険性を1日も早く除去。

〈主な実績〉

①楚辺通信所・読谷補助飛行場の返還（平成18年度）、ギンバル訓練場の返還合意（平成18年度）など米軍基地の整理縮小を確実に推進

②米軍基地返還後の跡地利用について法律制定を国に要請

5．子育て力おきなわ一安心・安全な子育て環境をつくる。待機児童ゼロ、認可外保育所の認可促進。児童手当の充実。

〈主な実績〉

①保育所整備24カ所と2,022人の保育所定員の増加

②待機児童解消（ゼロ）を目指した環境整備の実施

③認可外保育所入所児童への補助を拡充、給食費補助を月10日間から20日間へ

6．女性力おきなわ一女性の力が発揮できる環境づくり。

2．観光力おきなわ―世界の観光都市を目指す。10年後を目途に観光客1,000万人、海外100万人を目指す。「ビジット・おきなわ計画」の策定。ノービザ特区の導入。

〈主な実績〉

①知事のトップセールスにより入域観光客数が過去最高の593万人（平成20年度）、外国人観光客数24万人（平成21年度）達成

②修学旅行、リゾートウェディング、ウェルネス産業など支援強化

③国際会議などを誘致し、国際的コンベンションアイランド形成に着手

3．基盤力おきなわ―那覇空港、主要港湾の整備と国際ハブ空港化と「アジア・ゲートウエイ」など国際物流拠点を目指す。都市モノレールの延伸。全県ブロードバンドの推進。

〈主な実績〉

①国内貨物取扱量は15万トン（平成22年度）で国内第３位に

②那覇空港の第２滑走路の供用開始に向けた那覇空港拡張整備の促進

③国際物流拠点形成に向けてANA（全日空）と基本合意

④沖縄県の持続的発展を支える基盤整備を着実に推進し、那覇空港、港湾整備による「国際物流

参考メモ

仲井眞弘多元知事の選挙公約（要旨）と主な実績

一期目（平成18～22年）

■政策目標と主な実績

1．経済力おきなわ―産業の振興と経済の活性化で新たな雇用を創出。完全失業率の全国平均化。

〈主な実績〉

①完全失業率が沖縄県6.5％、全国5.2％と差が縮まる（平成22年７月）。就業者数が沖縄県２万人増加し61万7,000人へ

②みんなでグッジョブ運動などの展開

③IT津梁パークを始めとする情報通信産業の集積

④中小企業振興条例の制定による中小企業への支援強化

⑤畜産、園芸などの沖縄ブランド産地の育成による農林水産業の振興

⑥製造業や建設業の支援によるあらゆる産業の振興

著者略歴

OXメンバー

本書の著者名は、OXメンバーとする。メンバーは、沖縄県庁のOBとマスコミ関係者あわせて５人。「OX」は沖縄伝統闘牛の牡牛をイメージした。元沖縄県知事・仲井眞弘多の人物像と、仲井眞県政の仕事を読者に伝えるのが主眼。チームとして２年半かけて取材し、苦闘した末に完成した共同作品である。従って、個々人の筆名よりもチームであることを優先して編著者とした。すべては事実に基づき書かれた。中村朝子編集者の多大な協力を得て発刊できた。

JASRAC 出 2102492-101
幻冬舎ルネッサンス新書　231

自《じ》立《りつ》自《じ》尊《そん》であれ

2021年６月30日　第１刷発行

著　者　　OXメンバー
発行人　　久保田貴幸

発行元　　株式会社 幻冬舎メディアコンサルティング
〒151-0051　東京都渋谷区千駄ヶ谷4-9-7
電話　03-5411-6440（編集）

発売元　　株式会社 幻冬舎
〒151-0051　東京都渋谷区千駄ヶ谷4-9-7
電話　03-5411-6222（営業）

ブックデザイン　田島照久
印刷・製本　中央精版印刷株式会社

ISBN 978-4-344-93475-7　C0231
幻冬舎メディアコンサルティングHP
http://www.gentosha-mc.com/